The
ANTIQUE
TAROT

타로 리딩 가이드북

by 클레어 굿차일드

EJONG

앤티크 타로 카드
타로 리딩 가이드북

초판 1쇄 발행 2020년 4월 1일
지은이 클레어 굿차일드(Claire Goodchild)
옮긴이 이예원
발행인 백남기
발행처 도서출판 이종
출판등록 제 313-1991-16호
주소 서울시 마포구 양화로3길 49 2층
전화 02-701-1353
팩스 02-701-1354

책임편집 백명하
편집 권은주
디자인 오수연
마케팅 신상섭 이현신

ISBN 978-89-7929-297-8 (14180) SET

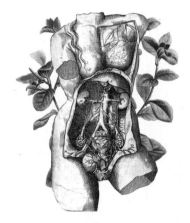

THE MODERN TAROT READER

미술을 읽다, 도서출판 이종

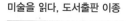

WEB www.ejong.co.kr
BLOG ejongcokr.blog.me
FACEBOOK facebook.com/artEJONG
INSTAGRAM instagram.com/artejong

MIX
Paper from
responsible sources
FSC® C016973

CONTENTS

들어가며

이 책을 쓰면서, 여러 해 동안 제가 배워온 타로에 대한 모든 지식을 여러분과 함께 나눌 수 있다는 생각에 무척 기뻤습니다. 모든 카드의 이미지와 의미를 설명할 뿐만 아니라 각자가 더욱 성장할 수 있도록 카드 덱을 사용하는 방법도 알려드리겠습니다.

제 타로의 여정은 약 세 살 때부터 시작되는데, 1974년 어머니가 사온 아름다운 빈티지 스위스 1JJ 타로 덱에 사로잡혀 어디를 가든 그 카드들을 갖고 다녔습니다.

10대 후반과 20대 초반에, 타로에 대한 열정을 다시금 발견했습니다. 카드 리딩을 시작하고 덱을 모았지만 진정으로 나에게 말을 걸어주는 덱을 찾지 못했습니다. 저와 비슷한 느낌을 받는 리더들이 많을 것이라 생각해서 디지털 아티스트와 사진 복원전문가, 기록관리 전문가로서 받았던 교육을 활용해 저만의 독창적인 디자인을 만들기로 계획했습니다.

저는 항상 빅토리아시대[1]와 그 시대 사람들의 의학과 영적인 호기심에 매료되어 있었습니다. 이 시기의 사람들은 동네 약제상에서 허브 처방을 받고 영혼들과 접신하기 위해 곧장 강신술[2] 파티에 갈 수도 있었습니다. 저는 그 당시에 유행하던, 그래서 일반 사람들도 볼 수 있었던 이미지에 끌렸습니다. 의학 교재에서부터 해부학상의 이미지를 발견해 각 카드의 기초를 창작했고, 디지털 콜라주 기법을 사용해 식물학 저널에서 본 식물 이미지들과 결합했습니다. 이 덱은 그 시대에 존재하던 독창적인 화가, 치유자(힐러) 그리고 신비주의자에 대한 오마주이며 제가 이 카드를 디자인하면서 느꼈던 즐거움을 여러분도 함께 느낄 수 있기를 바랍니다.

---

1) 1837년~1901년 영국의 빅토리아 여왕이 다스리던 시대
2) 기도나 주문으로 신을 내리게 하는 술법

타로의 역사

타로 카드의 기원에 대해서는 많은 설이 있는데
타로 카드는 여러 해에 걸쳐 발전해 왔다.

타로 카드는 인도에서 생겨났다는 설도 있고, 또 아랍이 게임용 카드를 유럽에 전파했다는 설도 있다. 일부 학자는 로마인들이 1417년 처음 유럽에 입성했을 때 타로를 가져왔다고 믿는다.

이들 카드에 대한 가장 오래된 기록은 이탈리아에서 일러스트가 그려진 트럼프 카드가 카드의 레귤러 덱에 추가되었던 1440~1450년경의 것이다.

18세기경에 유럽 전역의 오컬트 집단에서 점을 치는데 게임용 카드가 이용되기 시작했다. 1700년대 후반에 프랑스의 점술가였던 에텔라(Etteilla, 장 밥티스테 알리에트의 필명)가 최초로 점을 보기 위한 목적으로 첫 번째 덱을 제작했는데, 그녀는 타로 리딩을 직업으로 하고 원소, 점성술, 그외 영적인 아이디어들과 타로를 연결한 최초의 인물이었다.

1910년 시인이자 학자였던 에드워드 웨이트(Edward Waite)가 파멜라 콜먼 스미스(Pamela Colman-Smith)라는 화가에게 타로에 대한 글과 함께 출판할 덱의 제작을 의뢰했다. 웨이트의 카드는 특히 점술용으로 제작되었으므로 일러스트레이션에 의도적으로 의미를 부여했다.

오늘날 라이더 웨이트 타로 덱으로 알려진 이 카드는 1909년 라이더(Rider)사에서 출판했고 이후 1911년 타로 리딩을 주제로 웨이트가 저술한 최초의 서적, 『타로의 그림 열쇠(Pictorial key to the Tarot)』가 발간되었다. 웨이트와 콜먼 스미스는 타로를 주류에 성공적으로 소개할 덱을 만들어냈으며 오늘날의 타로를 위한 길을 닦아주었다. 불확실한 시대에 우리는 삶의 지침을 찾으려 하고, 타로 리딩은 우리 안의 지혜를 찾을 수 있도록 해줄 것이다.

▲위 1780년대 최초 에텔라 덱의 카드. 이 카드들은 이후 나올 타로 카드의 견본이 되었다.

▶오른쪽 라이더 웨이트 타로 덱의 카드는 강렬하며 상징적 표현이 풍부하다.

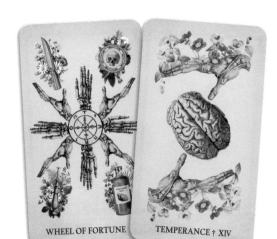

WHEEL OF FORTUNE

TEMPERANCE † XIV

타로의 기본
메이저 아르카나와 마이너 아르카나

인생은 상황과 해법 사이에서 균형을 잡는 것이다. 상황은 우리가 타로에게 묻고자 하는 것이며, 해법은 각 카드의 의미가 제시하는 내용이다.

타로는 78장의 카드로 구성되며 이는 메이저 아르카나와 마이너 아르카나로 나뉜다. 아르카나는 비밀이나 신비를 뜻하며 우리가 타로를 통해 알아내고자 하는 것이다.

메이저 아르카나

메이저 아르카나는 이름이 붙여진 22장의 카드로 구성되어 있는데, 이중 운명의 수레바퀴나 별과 같은 몇 장의 카드는 이미 알고 있을 것이다. 바보(카드 0)의 무지부터 시작해 세계의 지혜(카드 21)로 끝이 나는 메이저 아르카나는 생과 사 그리고 그 가운데 있는 모든 것들의 자연적인 순환을 반영한다.

메이저 아르카나 카드는 덱의 가장 중요한 심장과 영혼이며 리딩에서 반드시 우선적으로 다루어야 한다. 이들 카드가 나타나면 인생에서 큰 규모로 성장과 변화하는 데 필요한 것을 얻게 될 것이다.

메이저 아르카나의 카드는 영성, 지혜, 무지, 지성, 감정 그리고 직관과 같은 인간 경험의 보편적인 측면을 표현한다. 이들 주제는 또한 마이너 아르카나에도 존재하지만 메이저 아르카나보다 그 의미가 작고 함축적이다.

ELIXIRS † I   RODS † I   COINS † I   BLADES † I

마이너 아르카나

마이너 아르카나는 56장의 카드로 구성되며 물약(컵), 로드(완드), 코인(펜타클), 블레이드(소드)의 4개의 수트로 나뉜다. 각 수트에는 에이스부터 10까지 숫자가 매겨진 카드와 소년[3], 기사, 여왕 그리고 왕이라고 이름 붙인 4장의 그림 카드(court card)가 포함되어 있다. 마이너 아르카나의 카드는 짧은 시간(며칠이나 몇 주 후) 내의 결정, 행동 그리고 감정을 표현한다.

숫자가 매겨진 카드는 상황과 해법을 의미하며 그림 카드는 조금 다른 역할이다. 리딩에서 그림 카드는 때로는 숫자 카드와 동일한 방식으로 상황을 표현할 수도 있지만, 좀 더 자주 성격 특징에 기반해 내 인생의 어떤 사람(나 자신을 포함)을 의미한다. 리딩을 하기 전 이 카드를 사람으로 읽을지 상황으로 해석할지를 결정해야 한다. 리딩에서 마이너 아르카나 카드가 메이저 아르카나 카드와 함께 나타난다면, 이는 메이저 아르카나의 주제나 교훈을 지지하는 역할을 한다. 그렇지 않을 경우에는 일반적으로 읽으면 된다.

핍 덱

『앤티크 타로』는 "핍(pip)" 덱인데, 이는 메이저 아르카나와 그림 카드만 상징적으로 그려냈다는 뜻이다. 숫자가 붙여진 마이너 아르카나 카드는 해당 카드의 숫자와 주제 수트와 관련된 물체만을 최소한으로 그렸다.

몇몇 덱에서 마이너 아르카나의 숫자 카드가 카드의 의미를 보여주는 장면으로 그려져 있기도 한다. 두 가지 덱 스타일 모두 장단점이 있지만 핍 카드를 사용하면 기억력을 통해 카드의 의미를 제대로 배울 수 있다.

---

3) 중세 견습기사를 일컫는 말이었으며 현대 타로에서는 주로 소년으로 번역.

연관성

메이저 아르카나와 마이너 아르카나는 카드 자체의 의미뿐만 아니라 8~13쪽에서 설명하는 바와 같이 수비학, 점성술, 원소, 색상과의 관련을 특징으로 한다. 이들의 연관성은 카드의 의미와 에너지에 결을 더해주며, 타로 리딩을 풍성하게 하는데 사용할 수 있다.

수비학과 타로

— ·◈· —

숫자는 타로에서 중요한 역할을 한다. 각 숫자가 무엇을 의미하는지 이해하면 원소, 점성술, 색상과 타로 카드의 관련성에 대한 지식을 결합해 이들이 드러내고자 하는 메시지를 더 잘 이해할 수 있다.

메이저 아르카나의 22장의 카드는 숫자 0부터 21까지 번호가 매겨져 있다. 숫자의 수비학[4]적 의미를 해석하려면, 두 자릿수 카드를 한 자리 수의 밑수, 즉 '마스터' 숫자로 분해해야 한다. 간단하게 두 자리 숫자를 더한 후 두 숫자의 합과 관련한 숫자의 수비학적 의미를 참고한다.

운명의 수레바퀴와 태양은 10과 1의 밑수를 둘 다 가지므로 이 경우에는 두 가지의 수비학 의미를 모두 참고한다.

바보는 숫자 0으로 수비학에서의 와일드(만능) 카드다. 전부나 전무, 유한과 무한을 표현한다.

마이너 아르카나의 숫자는 숫자가 붙여진 카드에만 관련이 있으므로 그림 카드는 신경 쓰지 않아도 된다. 마이너 아르카나에는 마스터 숫자가 없으므로 10번이 나오면 해당 설명을 보고 참고하자. 10을 1로 쪼개지 않아야 한다.

숫자의 수비학적 의미

1 시작, 아이디어, 원초적 에너지

2 이중성, 균형, 반대 세력

3 확대, 집단, 성장

4 안정성, 교착상태, 기초

5 고립, 갈등, 관점

6 공정성, 가치, 해결책

7 변화, 평가, 인내

8 성공, 통제, 활동

9 준비, 숙달, 지혜

10 완성, 종료, 반영

THE MOON † XVIII

달 카드의 숫자는 18이다.

1+8=9

달의 마스터 숫자는 9이다.

---

4) 숫자와 사람, 장소, 사물, 문화 등의 사이에 숨겨진 의미와 연관성을 공부하는 학문

동반자 카드

주요 카드 공식을 바탕으로 메이저 아르카나의 각 카드는 기본 에너지를 공유하는 한 장 또는 2장의 동반자 카드를 갖는다. 예를 들어 달 카드의 동반자 카드는 은둔자이다.

동반자 카드 세트에서 하나의 카드의 의미를 알면 다른 카드의 의미를 익히는 데 도움이 된다. 예를 들어 은둔자 카드는 자기 성찰과 진실을 밝히는 것을 다루고 있으므로 그 동반자 카드인 달도 어떤 식으로든 틀림없이 이 주제와 관련되어 있다. 의미를 강화할 수도 있고 정반대의 의미가 될 수도 있다.

하나의 리딩에서 동반자 카드가 함께 나타난다면 특히 주의를 기울이자. 이슈나 질문이 원래 생각보다 훨씬 더 영향력이 크다는 신호를 보내는 것이다.

동반자 카드 한 눈에 보기

1 마법사	10 운명의 수레바퀴 † 19 태양	
2 여사제	11 정의 † 20 심판	
3 여황제	12 매달린 사람 † 21 세계	
4 황제	13 죽음	
5 교황	14 절제	
6 연인	15 악마	
7 마차	16 탑	
8 힘	17 별	
9 은둔자	18 달	
10 운명의 수레바퀴	1 마법사 † 19 태양	
11 정의	2 여사제 † 20 심판	
12 매달린 사람	3 여황제 † 21 세계	
13 죽음	4 황제	
14 절제	5 교황	
15 악마	6 연인	
16 탑	7 마차	
17 별	8 힘	
18 달	9 은둔자	
19 태양	1 마법사 † 10 운명의 수레바퀴	
20 심판	2 여사제 † 11 정의	
21 세계	3 여황제 † 12 매달린 사람	

점성술과 타로

◇──────◇·✕·◇──────◇

점성술에 대해, 즉 별과 행성의 위치와 움직임이 어떻게 우리의 삶에
영향을 미치는지 기본적으로 이해하면 깊이 있는 리딩을 할 수 있다.

점성술과 메이저 아르카나

메이저 아르카나에서 각 카드는 12개의 별자리
나 10개의 행성, 태양 또는 달 중의 하나와 관련
이 있다. 점성술은 그 자체로도 무척 강력한 도
구이지만 타로와 결합하면 리딩에 관점을 더하
고 카드를 심도 있게 해석할 수 있다. 예를 들면
다음과 같다.

‡ 만약 내 별자리가 사자자리고 항상 힘 카드를
뽑는다면, 나의 별자리가 매우 두드러지는 것
을 알 수 있으므로 특히 주의를 기울여야 한다.
내 질문에 대한 대답으로, 내 별자리처럼 더욱
용감하고 대담해져야 한다는 의미일 수도 있다.

‡ 만약 회사에서의 프레젠테이션에 대해 리딩을
하던 중 마법사 카드를 뽑게 되었다고 해보자.
이 카드는 소통을 관장하는 화성과 관련되어
있다. 따라서 내 아이디어를 어떻게 전달할 것
인지에 특히 주의를 기울여야 한다는 것으로
해석할 수 있다.

점성술과 마이너 아르카나

마이너 아르카나에서 점성술과의 연관성은 나
또는 다른 사람을 표현할 수 있으며 그림 카드의
인물 특성을 나타내기도 하고. 또한 연도나 계절
의 시기를 의미할 수도 있다. 예를 들면 다음과
같다.

‡ 휴가를 떠날 가능성에 대해 리딩을 하다가 몇
개의 로드 카드가 나타난다면 봄이 여행을 가
기에 좋은 계절임을 의미할 수 있다.

‡ 관계에 대해 리딩을 하는 동안, 블레이드 기사
카드가 나올 수 있다. 이 카드의 인물적 특성
은 쌍둥이자리 파트너와 많은 부분이 비슷해
보인다. 그렇다면 내 감정을 확인해주는 것으
로 해석할 수 있다.

점성술과 메이저 아르카나의 의미

- **바보**
  천왕성 → 변화, 반항

- **마법사**
  수성 → 아이디어, 커뮤니케이션

- **여사제**
  달 → 욕구, 깊은 감정

- **여황제**
  금성 → 아름다움, 기쁨

- **황제**
  양자리 → 에너지, 자기표현

- **교황**
  황소자리 → 가치, 자부심

- **연인**
  쌍둥이자리 → 선택, 가까운 관계

- **마차**
  게자리 → 안전, 개인적 토대

- **힘**
  사자자리 → 예술적 표현, 에고

- **은둔자**
  처녀자리 → 일, 일상

- **운명의 수레바퀴**
  목성 → 행운, 확장

- **심판**
  천칭자리 → 조화, 사교력

- **매달린 사람**
  해왕성 → 초자연적 수용, 영성

- **죽음**
  전갈자리 → 재생, 터부

- **절제**
  궁수자리 → 지식, 철학

- **악마**
  염소자리 → 평판, 지위

- **탑**
  화성 → 공격, 생존

- **별**
  물병자리 → 인도주의, 커뮤니티

- **달**
  물고기자리 → 자기성찰, 꿈

- **태양**
  태양 → 자각, 생명력

- **심판**
  명왕성 → 지하 세계, 부활

- **세계**
  토성 → 제한, 지식

점성술과 마이너 아르카나의 의미

- **물약**
  게자리 → 양육하는
  전갈자리 → 신비로운
  물고기자리 → 보살피는
  계절 → 여름

- **로드**
  양자리 → 결의에 찬
  사자자리 → 대담한
  궁수자리 → 매력적인
  계절 → 봄

- **코인**
  황소자리 → 관능적인
  처녀자리 → 질서 있는
  염소자리 → 결의에 찬
  계절 → 겨울

- **블레이드**
  쌍둥이자리 → 재치있는
  천칭자리 → 공정한
  물병자리 → 독창적인
  계절 → 가을

원소와 타로

흙, 공기, 불 그리고 물의 4가지 원소가 마이너 아르카나 4가지 수트의 기본
에너지를 구성한다. 또한 이들은 메이저 아르카나의 특정 카드를 관장한다.

흙 코인 수트
여황제
교황
은둔자
악마
세계

흙의 원소는 물리적 세계와 모든 유형의 것들을
표현한다. 가장 기초적이면서 안정적인 에너지
이며 5가지 감각과 관련이 있다. 이 원소는 힐링
을 담당하면서 또한 우리를 성장하고 변하게 만
든다.

공기 블레이드 수트
바보
마법사
연인
정의
별

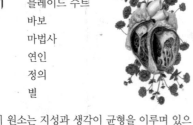

공기 원소는 지성과 생각이 균형을 이루며 있으
면서 반대되는 특성을 관장한다. 이는 눈에 보이
지 않는 것처럼 빠르게 이동하는 에너지지만 항
상 실존한다. 이 원소는 내가 서로 다른 관점에
서 바라보며 인생에서 도전하기를 원한다.

불 로드 수트
황제
힘
운명의 수레바퀴
절제
탑
태양
심판(물이 될 수도 있음)

불의 원소는 창조와 내적 영혼을 지배한다. 이
원소는 어떻게 이를 다루어야 할지에 대응한다.
통제할 수 있다면 불을 긍정적인 도구로 사용할
수 있지만, 통제력을 잃게 되면 파괴적이고 고통
스러울 수 있다.

물 물약 수트
여사제
마차
매달린 사람
죽음
달
심판(불이 될 수도 있음)

물의 원소는 감정과 관계를 표현한다. 고요하
고 부드러울 수도, 단호하고 위험할 수도 있다.
물처럼 감정은 서서히 사그라지며 흘러가고 주
변 환경의 영향을 받는다.

색상과 타로

색상은 우리 안에 있는 모든 종류의 감정적인 반응을 떠올리게 한다. 이들 감정의
범위는 평온함부터 기쁨이나 절망까지 이른다. 덱과 연관된 색은
카드의 의미를 더해준다.

모든 색이 여러 가지 의미를 갖고 있지만
특정한 색상에 대한 반응이 카드의 의미를 기
억해내는데 도움이 될 수 있다. 예를 들어, 악
마 카드의 검정색 꽃은 그 카드의 공포와 우세
한 측면을 표현하며, 반면에 에이스는 영적인
존재의 차원 간에 있는 무지개 색의 다리를
표현하는 색을 다수 포함하고 있다.
카드 덱에서 녹색이 자주 나타나면서 카드를
연결하는 우리 자신과 우리 삶의 에너지를 보
여준다.

색과 마이너 아르카나

마이너 아르카나의 각 수트는 고유한 색 계열과
관련이 있다. 블레이드의 검은색과 흰색은 고난
과 긍정적이고 부정적인 생각 두 가지를 모두 처
리할 수 있는 우리의 능력을 반영하고 있다. 물
약의 파랑, 분홍, 보라는 몽환적이고 감정적인
면을 표현한다. 로드의 주황, 노랑, 빨강은 생생
하고 활기차며, 창의적인 측면을 표현한다. 코
인의 노랑, 보라, 파랑은 물질적인 특징을 가리
키며 부와 호화로움에 집중되어 있다.

색상의 의미

빨간색 | 분노, 열정, 사랑, 섹스, 위험

주황색 | 창의성, 표현, 즐거움, 성공

노란색 | 긍정성, 낙관주의, 따뜻함, 성장

녹 색 | 생명, 자연, 비옥함, 건강, 부러움

파란색 | 진정하는, 슬픔, 비탄, 지겨움,
평화

보라색 | 초자연적인, 꿈, 높은 힘, 왕족,
럭셔리

분홍색 | 연민, 보살핌, 장난기, 상냥함,
로맨스

흰 색 | 순수함, 결백, 단순함, 명확성

검은색 | 두려움, 미스터리, 힘, 고통

타 로 사 용 방 법

✦ — ◦❁◦ — ✦

타로를 사용하는 주 목적은 스프레드를 이용해 리딩을 하기 위한
것이지만, 카드의 힘을 사용해 우리의 삶을 개선하는 방법이
더 많이 있다는 것을 곧 알게 될 것이다.

타로 스프레드

타로 리딩은 덱과의 대화이다. 카드에게 질문을
하면, 대답을 들을 수 있다. 18~23쪽에서 스프
레드에 대해 자세히 알아보고 카드를 어떻게 사
용하는지 익힐 수 있다.

명상

모든 카드는 특정한 의미와 그와 관련한 에너지
를 갖는다. 메이저 아르카나는 덱에서 가장 강력
한 카드이며 명상의 실행을 위한 완벽한 동반자
이다.

‡ 메이저 아르카나를 덱의 나머지 카드와 분리
한다.
‡ 특별히 관심이 가는 카드가 나올 때까지 살
펴본다.
‡ 이제 몇 분간 해당 카드의 의미에 집중하고 어
떤 기분이 드는지 느껴본다. 카드에 대한 초기
의 반응을 인정한다. 아마도 기분을 차분하게
하거나, 흥분되게 아니면 행복하게 만들 수
있다. 이들 감정에 대해 명상한다.
‡ 이 카드의 교훈을 삶에 어떻게 통합할 수 있
을지 생각해본다. 카드의 의미가 받아들여야
하는 에너지인가 아니면 보내야 하는 것인가?

꿈의 해석

꿈은 무의식의 마음을 알려주는 도구이다. 오늘
있었던 일들의 매듭을 풀고 꿈과 열망을 더 잘
이해할 수 있게, 그리고 중압감을 없앨 수 있도
록 도와준다. 불행하게도 마음은 복잡한 존재라
서 꿈에서 깨고 나면 가끔은 자기 전보다 더 복
잡한 기분이 들 수도 있다. 이런 경우 타로를 통
해 꿈의 의미를 밝히는 데 도움을 받을 수 있다.

‡ 덱을 셔플링[5]하는 동안 질문에 집중하자. 이
꿈에 내재한 의미는 무엇일까?
‡ 이제 준비가 되었다고 느껴지면 셔플링을 멈
추자. 맨 위에 있는 카드를 뒤집는다.
‡ 이 카드와 관련된 의미들을 이용하면 꿈을 해
석하는 데 도움이 된다.

주문걸기

타로에 관심이 있다면, 아마도 마법이나 최소
한 초자연적인 힘을 믿고 있을 것이다. 타로 카
드는 주문을 걸거나 의식을 행할 때에도 사용할
수 있다.

‡ 덱에서 주문의 힘을 강하게 만들어줄 카드

---

5) 카드를 섞는 행위. 일반적으로 타로 안내서에서 '셔플링'으로
표현

선택한다. 예를 들어, 새 직업을 찾기 위한 주문을 걸고 있다면, 빠른 변화를 위해 코인 8번 카드를 선택할 수 있다. 아니면 동업이나 연애를 추구한다면 물약 2번 카드나 에이스 카드를 고를 것이다.

‡ 제단이나 의식을 행하고 있는 장소에 카드를 놓는다.

‡ 카드를 지니고 다니는 것도 에너지를 계속 나와 연결시켜둘 수 있는 쉬운 방법이다.

일기 쓰기

카드를 이용해 일기를 쓰는 것은 타로를 처음 배울 때 카드에 대한 이해도를 높이거나 기존 연습을 이어서 하고자 할 때에도 아주 유용하다.

특히 타로 리딩을 어느 정도 해왔고 그 과정이 틀에 박혀 예측이 가능해질 정도로 성장했다면 타로는 기존보다 일기를 더욱 깊이 있게 쓸 수 있도록 해줄 것이다.

타로 리딩의 초심자이거나 연습을 이어서 하고 싶은 경우, 매일 카드를 뽑고 그 의미와 연관에 대해 쓰는 것이 카드를 기억하는데 도움이 된다. 이 연습은 특히 핍 카드(7쪽 참조)를 특징으로 하는 덱에서 유용한데, 핍 카드는 기억해야할 것이 많기 때문이다.

글을 쓰는 행위도 새로운 관점에서 카드를 볼 수 있게 해준다. 카드에 있는 색상을 노트에 적어보고 어떤 기분이 들게 하는지도 적어보자. 점성술의 의미가 나에게 중요한지에 대해 생각해보자.

‡ 매일 또는 매주 약간의 시간을 할애해서 일기로 카드의 경험에 대해 써본다.

‡ 하루에 카드 한 장 또는 스프레드 중 하나로 시작해 볼 수 있다.

‡ 셔플링으로 카드를 무작위 선택하거나 또는 순서대로 덱에 대해 일기를 쓸 수도 있다.

‡ 색의 의미, 점성술의 의미, 원소, 수비학 등에 대해 기록해보자.

어디에서부터 시작해야 할지 모르겠다면, 또는 새롭게 운을 띄워보고 싶다면 다음과 같이 시도해보자.

"나는 '00카드'를 뽑았다. 오늘 이 카드와 관련해서 어떤 일이 있었을까?"

"나는 어떤 그림 카드의 인물에 해당할까?"

"내가 제일 좋아하는 카드는 '00카드'이다. 왜냐하면…"

"내가 제일 좋아하지 않는 카드는 '00카드'이다. 왜냐하면…"

"타로는 내 기분을 …. 하게 만든다."

"내 리딩에서 자주 나타나는 카드는 … 이다."

"내가 아무리 노력해도 카드를 이해할 수가 없는 것 같다. 왜 이렇게 생각할까?"

"오늘 나는 첫 번째 리딩을 했는데, 그것은 … 이었다."

카드를 랜덤으로 뽑거나, 마음이 끌리는 카드를 선택할 수도 있고 특별히 내 목표에 맞게 도와줄 만한 카드를 찾아볼 수도 있다.

자수정 결정체를 덱 위에
올려두면 정체되어 있거나
부정한 에너지를 내보내는데
도움이 된다.

덱 관리 방법

타로 덱은 영적인 도구이며 존중과 보살핌을 필요로 하고, 가끔은 나에게 무언가
요구하기까지 한다. 덱을 취급하는 방식은 바로 나 자신을 대하는 방식을
반영하며 타로 리딩을 통해 에너지가 들어온다. 덱 관리 방법은 다양하다.
하지만 타로와의 관계는 개인적인 것이기 때문에 이들을
보관하는 방법에는 옳고 그름이 없다.

덱 시작하기

정확한 정보와 대답을 들려주는 타로카드에 의지하게 될 것이므로, 새 덱을 개봉할 때는 시간을 두고 유대를 맺은 후 사용한다. 먼저 아래에서 설명하는 방법 중 하나를 이용해 덱을 세척하는 것으로 시작한다. 다음으로 모든 78장의 카드를 휙휙 넘겨서 이미지와 수트에 친숙해지도록 한다. 어떤 카드에 계속해서 흥미가 가는지 또는 어떤 카드에 관심이 가지 않는지를 생각해 본다.

세척하기

타로 덱은 나의 개인적인 에너지와 결합해서 작용하며 계속 보유하고 있는 경향이 있다. 타로 덱을 세척하거나 재충전하면 고여 있던 에너지를 내보낼 수 있게 되는데, 다양한 방법으로 카드를 세척할 수 있다.

‡ 향 : 이 방법은 가장 인기 있는 세척 방식이다. 향 스틱의 끝에 불을 붙이고 연기 사이로 덱이 지나가게 한다.

‡ 그림 : 향이나 크리스털을 쉽게 구할 수 없다면 그림 그리는 빠르고 쉬운 재충전 방법이다. 부드러운 바람이 덱으로부터 침체되거나 부정적인 에너지를 날려 버리는 모습을 그려보자.

‡ 소금 고리 : 소금은 주변에 있던 모든 것을 흡수하는 강력한 세척제이다. 소금(종류는 상관 없음)을 둥근 고리 형태로 뿌려두고 그 안에 덱을 몇 분간 놓아둔다.

제단 준비하기

타로 작업을 위해 특별한 공간을 만들어야 할 필요는 없지만, 제단을 사용하면 분위기가 조성되고 연습하는 습관을 들일 수 있다. 먼저 내가 편안하고 긴장이 풀리는 느낌을 받고, 방해받지 않을 장소를 선택한다. 평평한 곳이면 어디서나 리딩을 할 수 있지만 테이블을 이용하는 게 쉽고 가장 실용적이며 특히 큰 스프레드를 사용할 때 편리하다. 나에게 중요한 물건들을 사용해 제단을 장식한다. 장식하는 과정은 개성적이면서도 재미있어야 한다. 선택권은 무한하며 사진, 초, 결정, 향, 식물, 장식용 테이블보 또는 동물의 뼈 등이 포함될 수 있다.

보관

카드를 보관하는 장소는 물론 개인의 선택이다. 집에서 리딩을 하는 신성한 장소가 있다면, 이 카드를 그곳에 보관하는 것이 적합할 것이다. 덱을 선반이나 상자에 보관하면 먼지나 오염에서 보호할 수는 있지만, 덱이 눈에 보이지 않으면 까먹을 수도 있다는 점을 유념하자.

덱을 바깥에 놓고, 전시해두면 항상 리딩할 준비가 되고 연습을 보다 활발하게 할 수 있다. 하지만 늘 꺼내어 펼쳐두고 있으면 그만큼 손상을 입기 쉽다.

스프레드

타로를 읽는 것은 전통적으로 스프레드를 통해 이루어진다. 스프레드는 미리 정해진 위치에 카드를 배치하는 것으로 카드 배열법이라고도 한다. 스프레드에서 각 위치가 하나의 질문이나 전체적인 질문, 궁금증의 정해진 부분이라고 생각하자. 해당 위치에서 드러나는 카드가 그 질문에 대한 답을 표현한다.

다음 페이지에서 자세하게 설명하는 스프레드는 어떤 상황에서든 사용할 수 있으며 언제 어떤 종류를 선택할 것인지는 전적으로 내 마음에 달려있다.

카드를 셔플링하는 것으로 시작한다. 셔플링에 옳고 그름은 없기 때문에 순간순간 느끼는 대로 섞으면 된다.

이제 카드 뽑기를 시작할 준비가 되었다. 맨 위에서부터 뽑는 옵션이 가장 간단하지만, 덱의 어느 곳에서든 원하는 대로 고를 수 있다. 각 카드의 위치가 지정된 경우에는 해당 스프레드 위치에 뒤집은 채 놓는다. 모든 카드가 배치되면, 카드를 뒤집어서 하나씩 읽기 시작한다. 스프레드가 요구하는 경우 카드를 다 같이 읽어야 한다. 이들이 서로 연관되어 있는가? 서로 반대되는가? 반복되는 숫자가 있는가? 걱정하지 말자. 연습하면 점점 쉬워진다.

원 카드 스프레드

가장 기본적인 스프레드이며 시작하기에 매우 적합하다. 질문을 하고 한 장의 카드를 뽑자.

이 간단하고 효과적인 기법에 무한한 가능성이 있다.

"오늘 나의 에너지를 어디에 집중해야 할까?"

"...는 나에 대해 어떻게 느낄까?"

"내가 ...에 대해 무엇을 할 수 있을까?"

3 카드 스프레드

3 카드 스프레드는 단순하고 응용 가능성이 높아 초보자와 상급 리더 모두가 즐겨 선택하는 스프레드다. 리딩이 쉽지만 여러 장의 카드를 포함하고 있어 이야기의 깊이를 더해준다. 질문에 대해 생각하고 세 장의 카드를 뽑자. 차례로 왼쪽부터 오른쪽으로 나란히 배치하고 순서대로 읽는다.

선택한 경우, 각 세 가지 위치에 질문의 각 측면을 배정할 수도 있다. 리딩 후에는 순서와 관계없이 카드 간의 관계를 살펴본다.

아래와 같은 질문들에 대해 생각해보자.

"이들 카드가 서로 보완이 되는 카드인가?"

"이들 카드가 반대되는 카드인가?"

"색상이나 숫자가 반복되는가?"

"어떤 원소들이 있는가?"

"메이저 아르카나 카드가 2장 이상인가?"

"마이너 아르카나 카드가 없는가?"

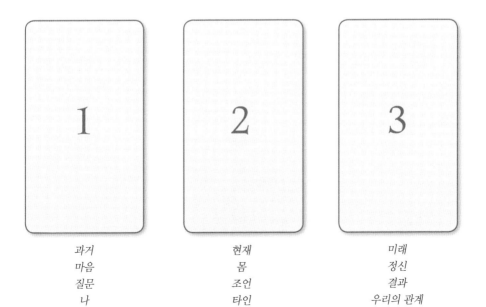

과거
마음
질문
나

현재
몸
조언
타인

미래
정신
결과
우리의 관계

달 주기 스프레드

이 카드 배열법은 사실상 28.5일 동안 지속되는 한달의 주기를 따라 리딩하도록 설계되어 있는 일련의 카드 연결방식이다. 특히 이 스프레드는 장기적인 큰 목표와 계획에 대한 안내를 구할 때 효과적이다.

삭에서부터 시작해서 그믐달로 끝나며, 하나의 단계마다 한 장의 카드를 고른다.

삭(신월) · 시작

내 목표에 대해 생각하며 첫 번째 카드를 뽑자. 이 카드가 목표와 조화를 이루는가 아니면 상충하는 것처럼 보이는가? 이 길이 순탄할 것인가 어려울 것인가?

초승달 · 초기

이루고 싶은 바와 그 여정이 어떻게 될 것인지에 관한 명확한 생각이 있다. 일이 진행되도록 하려면 초기 단계는 어때야 할 것인가?

상현달 · 성장

그만두고 싶을 때에 어떻게 추진력이 지속되게 할 것인가?

부푼 상현달 · 완성

목표를 이루기 위해 반드시 실행해야 하는 세부사항들 중 못 보고 넘어가고 있는 것이 있나?

보름달(망) · 명확함

이 과정이 나 자신에 대해 무엇을 가르쳐줄 것인가?

부푼 하현달 · 공유

내 목표가 다른 사람을 도울 수 있는가? 주변에서 지원을 받고 있는가? 목표를 이루면 보상을 나눌 수 있는가?

하현달 · 쇠퇴

마무리 작업이 필요할까? 목표를 이루기 위해 최종적으로 분발하려면 어떤 에너지가 필요할까?

그믐달 · 종료

결과는 어떤가? 목표를 이뤘나? 아직 해야 할 일들이 남아있나?

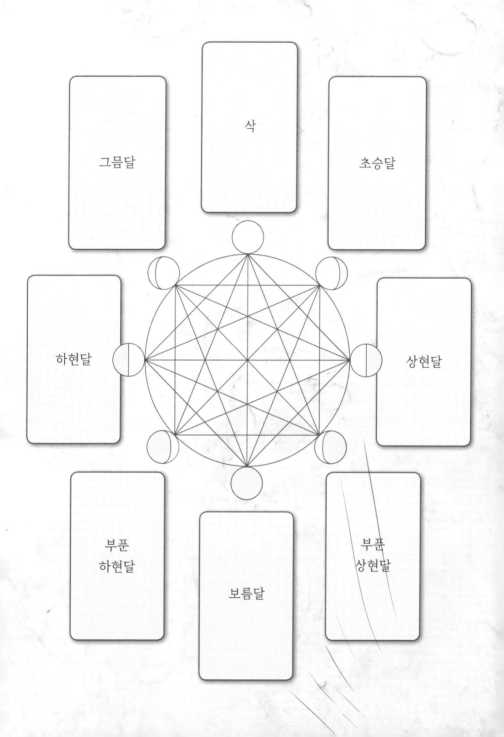

켈트 십자가 모양 스프레드

켈트 십자가 모양 스프레드는 고전적인 카드 배열법이며 전문가와 아마추어 리더 모두가 가장 많이 사용하는 방식일 것이다. 질문의 모든 중요한 측면을 다룰 만큼 의미가 있지만 시작할 때만큼 더 혼란스럽거나 복잡하지는 않다. 각 카드를 정해진 위치에 배치하고 아래 순서대로 읽는다.

카드 1 · 현재

이 카드는 질문에 관련해서 나를 표현해준다. 상황과 관련하여 내 마음 상태는 어떠한가? 나의 입장과 감정은?

카드 2 · 도전

무엇이 나를 고민하게 만드는가? 이것이 당장 내가 극복해야 할 문제다. 이 위치에서는 전통적으로 '좋은' 카드를 뽑는다 하더라도 여전히 도전을 의미하는 것임을 기억해야 한다.

카드 3 · 과거

무엇이 이 상황까지 끌고 온 것인가? 문제나 현재 상황을 야기한 것이 무엇인지 말해준다.

카드 4 · 미래

가까운 미래, 며칠이나 몇 주 안에 일어날 일을 나타내준다.

카드 5 · 위

상황에 대한 내 목표는 무엇인가? 이 카드는 내가 이루기 위해 노력하는 것과 일어나기를 바라는 것을 표현해준다.

카드 6 · 아래

잠재의식에서 무슨 일이 일어나고 있는가? 이 카드는 상황에서 나의 원동력을 표현해준다. 내 원동력은 무엇인지 알고 있었나?

카드 7 · 조언

이 상황에서 무엇을 할 수 있을까? 일이 진행되려면 어떤 방법을 취해야 할까?

카드 8 · 외부의 힘

통제할 수 없는 에너지와 상황들이 결과에 어떤 영향을 미칠까?

카드 9 · 희망과 두려움

이 상황에서 인력의 법칙에 대해 생각해보자. 결과가 긍정적일 거라고 낙관하는가? 실패에 대해 두려워하면서도 희망을 갖고 싶은가?

카드 10 · 결과

내 최근 행동에 근거해서 상황이 어떻게 흘러가고 있는지를 보여준다.

카드 간의 관계

이 스프레드는 카드 간의 관계를 보다 상세히 들여다보는 데 유용하다.

"위(5번)와 아래(6번) 카드를 보자. 이들은 화합하는가? 아니면 대립하는가?"

"미래(4번) 카드와 결과(10번) 카드를 비교해보자. 이들은 긍정적인가 부정적인가? 조언 카드가 이들이 변화하는데 어떻게 도움을 줄 수 있는가?"

"위(5번) 카드와 결과(10번) 카드를 비교해보자. 목표가 결과로 이루어졌는가?"

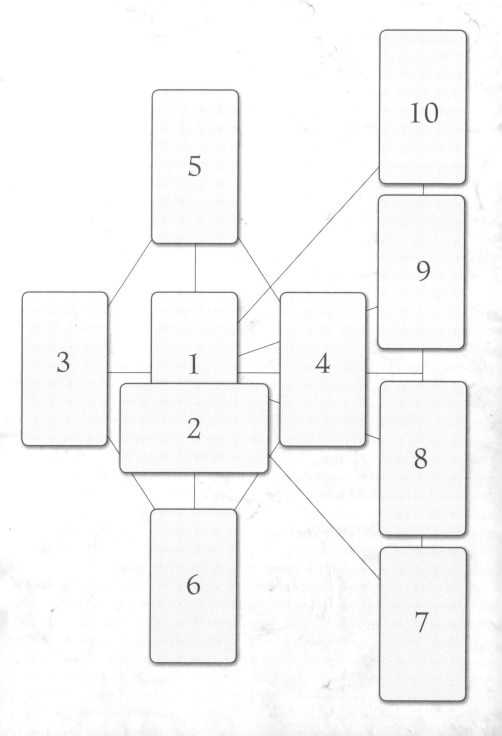

메이저 아르카나

다음 페이지에서는 타로 덱에서 각 카드의 의미와 해석에 대해 설명한다.
여황제의 아름다움과 따스함에 대해, 그리고 운명의 수레 바퀴의 숙명에 대해 배우고, 별의 낙관주의와 힘 카드의 의지력 그리고 훨씬 더 많은 것을 경험할 수 있을 것이다. 이제 자신을 발견하고 변화시킬 수 있는 여정에 대해 더 많이 배울 수 있을 것이다.

THE LOVERS † VI

THE CHARIOT † VII

THE FOOL † 0

THE MAGICIAN † I

THE FOOL
바보

수비학
0

점성학
천왕성

원소
공기

연관카드
모든 메이저 아르카나 카드

바보(광대) 카드로 타로의 여정을 시작한다. 이 카드는 시간이 멈춘 것 같은 장소를 표현한다. 여기에는 모든 가능성이 존재하며 한발 내딛기만 하면 다음의 모험이 시작된다.

다시 한 번 시계 바늘을 움직이게 하는 유일한 방법은 어떤 길을 택할 것인지 결정하는 것이다. 어떻게 할 수 있을까? 내 마음 가는 대로, 직감에 귀를 기울여보자. 물론 말하는 것보다 실제 하는 것이 훨씬 어렵다.

바보 카드는 경계가 없는 새로운 에너지로 구성되어 있는데, 이는 무언가 놀라운 것, 그러나 성취할 수 있는 것으로 빚어지기를 기다리고 있다. 이를 위해서는 선입견과 두려움에서 벗어나야 한다. "미지의 세계로 뛰어드는" 순간으로 가는 시간이 실제 뛰어드는 일보다 훨씬 더 두려울 수 있다.

키워드: *시작, 여행, 모험, 무죄, 자유로운 영혼, 기쁨, 독창성, 창조성, 본능, 위험*

THE MAGICIAN
마법사

수비학
1

점성학
수성

원소
공기(흙, 불, 물도 도움을 주는 에너지로 존재)

연관카드
운명의 수레바퀴 † 태양

메이저 아르카나의 두 번째 카드인 마법사와 함께 천재성의 불꽃이 타오르기 시작한다. 떠오른 아이디어를 붙잡고 싶은가? 생명을 불어넣는데 필요한 모든 기술은 내 안에 있으며, 지금은 깊게 탐구해서 이를 분명하게 보여줄 시간이다.

마법사는 영적인 영역과 물리적 영역을 연결하는 최초의 다리이며, 이 에너지는 자신의 인생을 직접 설계할 수 있도록 격려한다.

우주의 지원을 받는 동안 창의력을 발휘하여 상황과 목표에 접근하는 것이 특히 중요하다. 이 카드가 나타날 때는 자신감을 발산할 준비를 하고 내 꿈보다 더 위대한 결실을 이루어내자.

키워드: *명확함, 집중된 에너지, 영적인 힘, 문제 해결, 결의*

THE HIGH PRIESTESS
여사제

❖

수비학
2

점성학
달

원소
물

연관카드
정의 † 심판

여사제 카드는 타로에 있는 신성한 여성의 원형 중 반쪽(다른 절반은 여황제)으로 우리 모두가 가지고 있는 본능을 나타낸다.

여사제는 무의식을 통해 메시지를 보내기 좋아하므로, 이 카드가 나타나면 직감의 반응과 꿈에 주의를 기울여 답을 찾아보자. 여사제는 내 삶의 영적인 측면에 관여하고 싶어 하므로 이 카드가 나타났다면 나를 둘러싼 비밀을 풀기 위하여 영적인 모험을 시작하라는 의미이다.

또한 이 카드는 내 인생에서 누군가 나를 속이고 있다는 경고로 나타날 수도 있는데, 그 사람이 누구인지를 밝히려면 자기 성찰이 필요할 것이다.

키워드: *직관, 신성한 여성성, 영적 능력, 미스터리, 숨겨진 비밀*

THE EMPRESS
여황제

❖

수비학
3

점성학
금성

원소
흙

연관카드
매달린 사람 † 세계

여황제는 따스함, 아름다움, 그리고 모성애로 당신을 맞아준다. 이 카드는 정적 강화[6]를 잘하는 사람들이 반길만한 지원 시스템을 나타내준다.

여황제의 에너지는 자연의 세계에서 태어난 것으로 내 감각과 이어지면 창의적인 방법에 큰 도움이 될 수 있다는 것을 이해한다. 여황제에게 좌우명이 있다면 아마도 "멈춰서 장미의 향기를 맡아보자. 혹은 몇 송이를 꺾어 가지고 다니면 더욱 좋다"가 될 것이다.

카드 리딩에서 여황제는 풍요와 기회의 기간을 의미한다. 내가 만지는 모든 것이 놀라운 것으로 변할 수 있고 다른 사람들이 잘 받아들일 수 있을 것이다. 내 자신을 믿기만 하면 된다.

키워드: *아름다움, 풍요, 잠재성, 창조, 사치, 생식력, 대자연*

---

6) 어떤 행동 직후 긍정적인 자극을 제공하여 그 행동의 빈도나 확률이 높이게 하는 방법

THE EMPEROR † IV

THE HIEROPHANT † V

THE EMPEROR
황제

수비학
4

점성학
양자리

원소
불

연관카드
죽음

황제는 타로의 장인으로 대담한 시각에서 견고한 토대를 만들어낸다. 여황제와 마찬가지로 그 직감은 자연에 기반을 두지만, 여황제가 아름다움을 찬미하는 반면 황제는 자연이 어떻게 자신을 위해 일하게 할 수 있을지를 궁금해 한다.

황제는 위대한 직관을 보여주며 모든 상황을 지배한다. 현명하고 확신에 차 있으며 자신의 왕국을 건설하고 유지하는 데 에너지를 집중한다.

일을 잘 해낼 수 있다는 자신감이 드는가? 올바른 방향에서 추진력이 필요할 때 황제 카드가 나타난다. 이미 전문 지식을 갖고 있다면 일상에 적용하기만 하면 된다.

키워드: 힘, 권력, 경험, 기초 작업, 전문 기술, 폭군, 지배

THE HIEROPHANT
교황

수비학
5

점성학
황소자리

원소
흙

연관카드
절제

교황은 타로에서 가장 전통적인 인물의 하나이며 가장 엄격한 편이다. 교황과 짝을 이루는 여사제가 초자연과 직관의 힘에 집중한다면, 교황은 정해진 원칙과 조직화된 종교, 그리고 헌신적 연구에 초점을 맞추고 있다.

교황은 신의 대변인이다. 답을 찾기 위해 내 자신을 벗어나 전문가에게 지침을 구하고 찾아보는 일이 아무런 문제가 없다는 것을 가르쳐준다.

누가 지혜를 줄 수 있을까? 때로 교황은 종교적 지도자로 나타나기도 하지만 주변의 인물로도 쉽게 현신한다. 언제나 멋진 충고를 해주는 친구나 문제 해결을 위해 새로운 답을 제시해주는 선생님이 있는가? 지금이 바로 그들을 찾아야 할 시간이다.

키워드: 전통, 종교, 학습, 관습, 영적 탐구

THE LOVERS
연인

수비학
6

점성학
쌍둥이자리

원소
공기

연관카드
악마

언뜻 보면 연인 카드는 낭만적인 관계에 대한 것으로 보이고 일부는 그렇기도 하지만, 사실 이 카드의 주요 주제는 선택이다. 선택에 직면하면 어떤 사람은 자신의 직관을 따르고 어떤 사람은 논리를 이용한다. 연인 카드는 이 두 가지 양 극단적인 요소 중 하나와 맺어지게 요구한다.

직관과 논리 중 하나만 선택하는 것은 겁이 날 수 있다. 하나를 선택할 경우 다른 하나를 잃게 되기 때문이다. 이 카드는 내가 선택한 것이 원래의 운명이었음을 믿게 해준다.

사랑의 관점에서 연인 카드는 무척이나 충족되는 관계를 향한다. 대부분은 낭만적인 사랑을 나타내지만 자신과의 관계를 뜻할 수도 있다. 나는 건강한 선택을 하고 내 능력에 최선을 다해 인생을 살아가고 있는가? 내 반려자를 동등하게 대우하는가?

키워드: *선택, 욕망, 사랑, 이중성, 관계, 질문*

THE CHARIOT
마차

수비학
7

점성학
게자리

원소
물

연관카드
탑

마차 카드가 나타나면 지금이 의지와 결의를 모아 산을 올라야 할 시간이다. 승리를 향해 곧장 마차를 타고 갈 수 있는 기회가 주어졌지만, 먼저 올바른 길을 택했는지 확신을 가져야 한다.

모든 것이 빠르게 움직이고 있는데 내가 탄 마차를 끄는 말들은 서로 다른 방향을 향하는 것처럼 보일 수 있다. 나의 가장 큰 장점의 하나는 고삐를 모아 서로 다른 힘이 조화롭게, 바른 방향으로 앞을 향해 갈 수 있도록 만드는 것이다.

전체적으로 마차 카드는 새로운 프로젝트를 시작했을 때나 여행을 떠날 때 매우 긍정적인 징조이다. 자존심은 버리고 자신감에 차서 앞으로 나아갈 수 있다.

키워드: *의지, 여행, 자제력, 야망, 통제, 힘, 아드레날린*

THE LOVERS † VI

THE CHARIOT † VII

STRENGTH † VIII

THE HERMIT † IX

STRENGTH

힘

수비학
8

점성학
사자자리

원소
불

연관카드
별

힘이라고 하면 종종 무차별적인 힘과 공격성을 떠올리게 된다. 타로에서 힘 카드는 가끔 조용한 결의와 고요한 태도가 가장 효과적인 힘의 형태가 될 수 있다는 사실을 일깨워준다.

힘은 두려움에 맞닥뜨리거나 장애물에 부딪쳤을 때 맞설 용기를 가질 수 있게 해준다. 내게는 인생에서 일어나는 모든 문제들을 견딜 수 있는 힘이 있고, 인내심을 보이며 내적인 우아함과 존엄을 이해하기만 하면 된다.

지금이 내 가치를 돌아보고 인생에서 어떤 것에 변화를 주어야할지 평가할 수 있는 완벽한 시간이다. 아마도 고쳐야 할 나쁜 습관이 있을 수도 있고 새로운 습관을 들이고 싶을 수도 있다. 무엇이든 당장 시작할 수 있는 능력이 고양되어 있다.

키워드: 자신감, 인내, 체력, 신뢰, 용기, 연민

THE HERMIT

은둔자

수비학
9

점성학
처녀자리

원소
흙

연관카드
달

은둔자는 외부 세계의 혼돈에서 물러나 내 안을 들여다봐야 할 시간에 나타난다. 가족이나 친구들의 충고가 반가울 때도 있지만, 지금은 그런 시기가 아니다. 다른 사람의 생각과 의견에 휘둘리지 말고 스스로 생각하고 느끼는 것이 무언지 알아내야 한다. 은둔자는 내 진심이 무엇인지 알고 싶어 하고 이는 깊이 있는 자기성찰을 통해서만 알아낼 수 있다.

외로움은 영혼과 정신의 심연을 들여다보게 하기 때문에 겁이 날 수 있다. 하지만 이런 시간을 통해 가장 많이 성장할 수 있다.

마침내 다시 이 시기를 빠져나오게 되면, 어려운 일을 끝내야만 비로소 얻게 되는 지혜와 용기를 되찾게 될 것이다.

키워드: 고독, 고립, 지혜, 내면의 지침, 후퇴

WHEEL OF FORTUNE
운명의 수레바퀴

수비학
10

점성학
목성

원소
물

연관카드
마법사 † 태양

운명의 수레바퀴 카드가 나오게 되면, 이제 운명이 시작될 것이므로 그 흐름을 따르는 것이 가장 좋다.

이 카드는 계속되는 삶의 순환에 대한 모든 것과 매일 다루는 네 가지 주제(블레이드-정신적 문제, 코인-물질적 문제, 물약-감정적 문제, 로드-창조적인 문제)에 대한 것으로 마이너 아르카나의 에이스로 나타난다.

수레가 어디에서 멈출 지 알 수는 없지만 일반적으로는 긍정적인 징조로 여겨지며 상승하는 상황을 가리킨다. 또한 바퀴는 내 카르마(업보)를 다시 내게 돌려주는 능력이 있기 때문에 뭔가 다른 게 잘못됐을 때 이 점을 기억하자.

키워드: *카르마, 순환, 운명, 변화, 기회, 행운*

JUSTICE
정의

수비학
11

점성학
천칭자리

원소
공기

연관카드
여사제 † 심판

정의 카드의 출현은 문제의 답을 찾고 있거나 삶을 바꿀 만한 결정을 하려고 한다는 사실을 나타낸다. 머리와 마음 둘 다 이 상황에서 동일한 무게를 짊어져야 한다.

빚을 해결하거나 나만의 도덕률을 만들어 내거나, 모든 내 행위를 결국 어디에서 끝낼지를 결정한다. 정직과 공정함은 나 스스로와 다른 사람을 속이고 거짓말하는 것보다 훨씬 더 나를 멀리까지 나아갈 수 있게 해준다.

법과 질서를 관장하므로 정의는 법적 문제를 가리키기도 한다. 소송부터 이혼 서류나 고용 계약까지 모두 이 강력한 카드로 다루게 된다. 보통은 좋은 징조이기 때문에 걱정하지는 말자. 물론 법(보편적인 규칙이나 실정법)을 어겼다면 이야기가 다르다.

키워드: *진실, 정직, 균형, 결과, 평등, 공정*

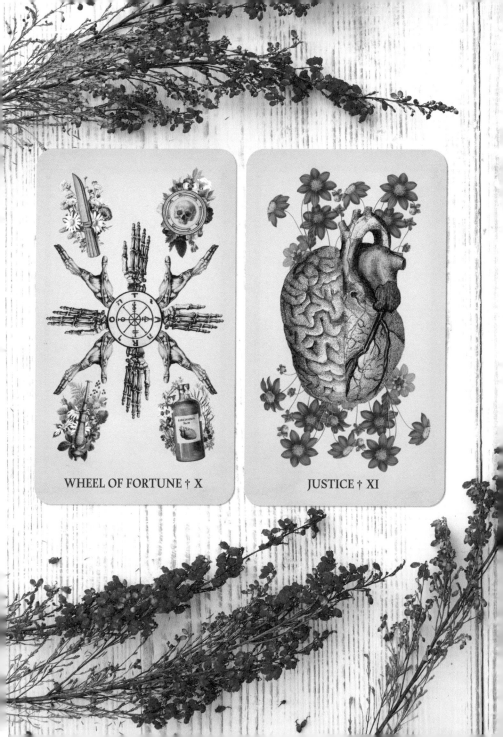

WHEEL OF FORTUNE † X

JUSTICE † XI

THE HANGED MAN † XII

DEATH † XIII

THE HANGED MAN
매달린 사람

수비학
12

점성학
해왕성

원소
물

연관카드
여황제 † 세계

교수형을 당하는 사람의 이미지를 처음 봤을 때에는 불편하고 두려울 것이다. 하지만 목 주위의 밧줄이 느슨한 것을 보아 그가 자진해서 목을 매고 있음을 알 수 있다. 엄밀히 말하면 이 사람은 언제든 원한다면 떠날 수 있지만 지금 본인이 어디에 있어야 할지를 알고 있는 것 같다.

매달린 사람 카드는 유예된 시간과 휴식을 취하는 행위에 관한 것이다. 가끔 아무것도 하지 않고 있으면 새로운 시선으로 상황을 볼 수 있다.

또 이 카드에는 수용의 에너지가 담겨 있다. 내가 바꿀 수 없는 것들이 있다고, 또는 가끔 더 나은 것을 얻기 위해서는 무언가를 포기해야 할 필요가 있다는 사실을 이해하도록 하자.

키워드: 자기성찰, 희생, 반성, 관점, 수용

DEATH
죽음

수비학
13

점성학
전갈자리

원소
물

연관카드
황제

죽음은 보편적이고 불변의 현상이다. 피할 수 없고 고통스럽지만 새로운 삶의 여지를 남겨두기 위해 필요하기도 하다. 가끔 이러한 결말을 예상하기도 하지만 때로는 갑작스럽고 충격적이다. 하지만 우리 모두가 변화라는 동일한 결과를 공유한다.

어떤 타로 카드들은 내 환경을 만들어내고 결과를 바꿀 수 있게 해주지만, 죽음 카드는 그런 카드가 아니다. 카드 리딩에서 죽음 카드가 나온다면 결말이 다가오고 있다는 사실을 인정하고 흐름을 따라야 한다.

죽음은 또한 내 영혼에서 어두운 부분을 살펴볼 것을 알려준다. 기쁨이나 긍정과 같은 삶의 밝은 측면에 감사하려면 고통과 슬픔과 같은 어두운 측면을 이해하고 있어야 한다. 모든 면에서 균형감이 있어야 한다.

키워드: 변신, 종료, 끝을 받아들임, 순환

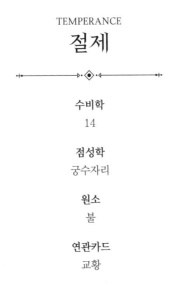

TEMPERANCE
절제

수비학
14

점성학
궁수자리

원소
불

연관카드
교황

절제는 타로에서 가장 사랑받고 힘이 되는 카드 중 하나이다. 리딩 중에 이 카드가 나오면 커다란 축복으로 받아들여야 한다. 내 주변에 있는 영적인 길잡이가 나에게 다가와 도움을 주려 하는 것이기 때문이다.

절제 카드의 특성은 강한 정신력이므로 상황을 분석해서 균형을 잡을 수 있게 해준다. 여기서 균형이란 인생의 모든 것을 동일하게 만들라는 게 아니라 부정적인 행동과 생각의 패턴을 없애서 내면의 평화를 찾는 것임을 아는 것이 중요하다.

또한 이 카드의 근원인 절제와 냉철함을 인정하는 것도 중요하다. 내 인생의 질을 떨어뜨리는 나쁜 습관이나 중독에 대해 스스로 솔직해지자.

키워드: *검토, 절제, 맨 정신, 영적인 길잡이, 신성, 축복, 치유, 균형*

THE DEVIL
악마

수비학
15

점성학
염소자리

원소
흙

연관카드
연인

악마 카드는 우리를 옭아매는 파괴적인 행동에 대한 카드다. 이 카드에는 질투, 교만, 나태, 탐욕, 식탐, 색욕, 분노라는 일곱 개의 죄악이 담겨 있다. 이러한 속성은 스스로 자초한 것일 수도 있지만 악마는 내 인생에서 폭력적인 사람을 가리킬 수도 있다. 그러니 방어태세를 갖추고 조심해야 한다.

악마에게서 자유로워지는 유일한 방법은 이 패턴을 깨고 치유의 과정을 시작하는 것이지만 당장 나에게 즉각적인 만족을 주던 것들에서 멀어지기는 쉽지 않다. 나는 소중한 존재임을 기억하고 지금 열심히 일하면 나중에 받게 될 보상이 훨씬 커진다는 점을 마음에 새기자.

키워드: *속박, 중독, 유혹, 섹스, 범죄, 상호 의존, 노예화, 열정, 방종*

TEMPERANCE † XIV

THE DEVIL † XV

THE TOWER † XVI

THE STAR † XVII

THE TOWER

탑

수비학
16

점성학
화성

원소
불

연관카드
마차

탑 카드는 달콤한 사탕발림과 함께 오지 않는다. 대신 번개처럼 삶에 닥쳐서 내가 열심히 일하며 쌓아온 모든 것들을 파괴하고 앞으로 어떻게 해야 할지 모르는 채 폐허 속에 남겨둔다.

알고 있다고 생각했던 모든 것들이 혼돈의 상태가 되고, 무엇이 진실이고 무엇이 환영인지 구별하기 어려워질 것이다. 마음, 몸 그리고 영혼이 모두 시험에 들며 실낱같은 희망도 없는 느낌을 받을 수 있다. 당장 억지로 해결책을 찾으려 하지 말자. 상황이 더 나빠진 채 끝날 수도 있다. 결국 이 또한 지나갈 것이며 그리고 나면 더 강해질 수 있다는 사실을 기억하자.

키워드: 파괴, 갑작스런 변화, 황폐, 슬픔, 절망

THE STAR

별

수비학
17

점성학
물병자리

원소
공기

연관카드
힘

별은 새로운 희망과 평화의 감각을 불러오는 카드다. 내가 최근에 직면했던 모든 도전은 이제 과거로 흘러가고, 삶의 긍정적 측면에 집중할 수 있다.

예전 어느 때보다도 밝게 빛날 수 있는 능력이 생기고, 다른 사람을 멋진 미래로 안내해 줄 수도 있다. 다만, 새로운 목적에 대해 낙관적으로 바라볼 필요가 있다.

별 카드는 내가 하는 무슨 일이든 크게 성공하고 소망이 모두 이루어질 것임을 확인해준다. 좋은 소식, 휴식과 기분전환, 만족 그리고 지식의 성장을 위한 학습의 시기를 예고해준다.

키워드: 희망, 축복, 재개

THE MOON
달

수비학
18

점성학
물고기자리

원소
물

연관카드
은둔자

달 카드는 환상과 미스터리로 가득하다. 무엇이 진짜인지 불확실하게 느껴지며 진실의 일부 조각만이 빛나고 나머지는 그림자에 가려있다.

리딩에서 달은 아직 나타날 준비가 되지 않은 답을 찾으려 할 때 나타난다. 모든 조각을 함께 맞추려 노력할 수는 있지만 결국 어둠 속에서 뒤죽박죽인 채 끝나버리기 쉽다. 지금 당장은 행동을 취하기보다 한발 물러서서 감정을 살펴보는 것이 현명하다. 나를 둘러싼 미스터리를 풀어내려면 좀 더 시간을 들여 내 잠재의식에 집중해야 한다.

THE SUN
태양

수비학
19

점성학
태양

원소
불

연관카드
마법사 † 운명의 수레바퀴

태양 카드가 나오면 새로운 날이 시작되었음을 뜻한다. 인생의 모든 멋진 것이 밝은 빛으로 환해지고 축하할 시간이다. 지금까지 일해 온 모든 것이 주목을 받게 될 것이다.

이 카드에는 자신에 대한 의심이나 낮은 자존감이 존재할 여지가 없다. 태양은 영혼을 따뜻하고 기쁘게 채워준다. 천하무적이 된 것 같은 느낌이 들 수도 있다. 앞으로 만나게 될 모든 사람들이 내 재능과 능력을 알아보고 나를 높게 평가할 것이다.

태양 카드는 이러한 긍정적인 힘을 다른 사람과 나누라고 권한다. 이런 내 좋은 기운 덕분에 득을 볼 사람은 누구일까? 작은 행복이 오래도록 지속될 수 있다.

키워드: 환상, 알 수 없음, 속임수, 위험, 판타지

키워드: 빛, 기쁨, 축하, 행복

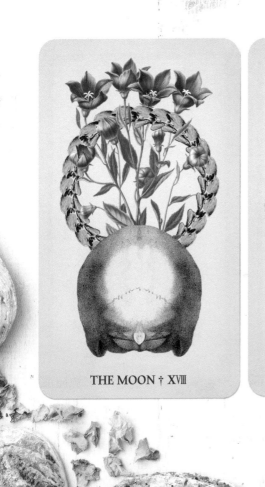

THE MOON † XVIII

THE SUN † XIX

JUDGMENT † XX

THE WORLD † XXI

JUDGMENT
심판

수비학
20

점성학
명왕성

원소
불

연관카드
여사제 † 정의

과거가 나를 부르고 있다. 내가 인정하기 전까지는 멈추지 않을 것이다. 심판 카드는 수용과 용서에 관한 모든 것을 뜻한다. 결코 바뀔 수 없는 게 있다는 사실을 이해하면 결국은 더 크고 좋은 일을 할 수 있을 것이다.

이 카드는 이제 내가 가면을 벗고 진실하고 불완전해지길 원한다. 가장 어려운 시련에 맞닥뜨렸을 때에 내 회복력은 나를 더 성장시키고, 그로 인해 남은 흉터에는 미래로 향하는 지도가 새겨져 있기도 하다.

부활은 과거의 선택을 돌이켜보고 이 선택이 나를 어디로 이끌어왔는지를 이해하는 과정이다. 이제 나는 조금 더 나은 모습으로 부활하기 직전의 상태이다.

키워드: *부활, 수용, 목적, 각성, 재생*

THE WORLD
세계

수비학
21

점성학
토성

원소
흙

연관카드
여황제 † 매달린 사람

메이저 아르카나의 마지막 카드인 세계는, 내가 이제 지혜와 전문성을 얻었으며 한 걸음 물러서서 내 업적에 감탄을 해야 할 시간임을 뜻한다. 내가 만들어낸 모든 것은 이제 내 손안에 있다.

필요한 것은 모두 완성됐고 삶에는 만족감이 흐른다. 나는 최선을 다했음을 알기 때문에 편안하게 쉴 수 있다. 임박한 마감 시한도 없고 풀리지 않은 관계로 고민할 필요도 없다.

세계의 다른 주제는 여행, 그리고 자연과 다시 이어짐이다. 세계 일주 여행은 아니더라도 빠른 시일 내에 확실하게 이동이 있을 것이다.

키워드: *지혜, 종료, 성취, 성공, 완성*

마이너 아르카나

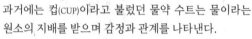

물약 수트

─────────◀◆▶─────────

과거에는 컵(CUP)이라고 불렀던 물약 수트는 물이라는
원소의 지배를 받으며 감정과 관계를 나타낸다.
우리의 감정은 계속해서 바뀐다. 때로는 천천히 계획적
으로 가끔은 빠르고 쏜살같이. 덱에서 이들 카드는 느낌
과 개인적 관계 그리고 직관이 우리의 인생에서 분명하
게 나타남을 뜻한다. 물약이 마법과 치유의 힘을 갖고
있긴 하지만 현혹되거나 산만해져 실수로 독을 삼키는
일은 없도록 하자.

관장하는 것
감정과 관계의 문제

원소
물

관련 별자리
게자리: 6월 21일 ~ 7월 22일
전갈자리: 10월 23일 ~ 11월 22일
물고기자리: 2월 19일 ~ 3월 20일

계절
여름: 게자리의 첫 번째 날에 시작

ACE OF ELIXIRS

물약 에이스

TWO OF ELIXIRS

물약 2

물약의 에이스 카드는 우주의 원초적인 감정 에너지의 수호자이다. 이 카드는 약간의 보살 핌으로 모두가 추구하는 정서적 충족을 느낄 수 있다는 사실을 일깨워준다. 이처럼 영혼의 부활이 다시 일어나려면 반드시 내 마음을 따라야 한다.

보다 직관적으로 느끼고 감정과 교류하고 있다면, 물약의 에이스가 내 편이 될 기회가 많아진다. 사랑과 관계 면에서 일들이 잘 굴러갈 수밖에 없으며, 만약 그렇지 않다면 곧 흐름이 바뀔 것이므로 인내심을 갖는 것이 중요하다.

이 카드는 두 사람이 사랑과 자비로 맺어진 것을 나타낸다. 이 결합은 균형 잡혀 있고 공정하며 두 사람이 함께 더 높은 곳으로 도달할 수 있다. 종종 낭만적인 영혼의 짝을 상징하기도 하지만, 물약의 2번 카드는 또한 가까운 우정이나 이익이 되는 사업 파트너를 의미하기도 한다.

만약 사랑하는 사람과 갈등이 생기거나 말다툼을 한 경우, 서로 친절하게 인내심을 갖고 대하면 모두 곧 용서받을 수 있을 거라고 이 카드는 조언한다.

키워드: 원초적 감정 에너지, 새로운 사랑, 예술, 시, 상상력, 기쁨

키워드: 결합, 진정한 사랑, 영혼의 짝, 인연

THREE OF ELIXIRS

물약 3

소중한 친구들이 있는가? 그리고 아무리 인생이 고단하더라도 항상 서로에게 힘이 되어 주는가? 이것이 물약 3번 카드의 핵심 특징이다.

진정한 우정은 찾기 어렵지만 찾을 수만 있다면 계속 지켜낼 가치가 있다. 각자가 자신만의 개성적인 에너지를 불러오겠지만 내가 그 에너지를 멋지게 섞을 수 있다.

리딩에서 물약 3번 카드는 가까운 친구들과 가족들이 모두 모여 축하하며, 일상을 정리하고 즐거운 시간을 보낼 수 있다는 의미이다.

키워드: 애정, 우정, 축하, 모임, 행복, 즐거운 시간

FOUR OF ELIXIRS

물약 4

기분이 처지는가? 내려놓고 싶은 기분인가? 리딩에서 물약 4번 카드는 감정적으로 교착상태에 있음을 의미할 수 있다. 방어태세를 내려놓고 전진하고 싶어도 에너지를 찾을 수 없어 보인다. 누군가에 의해 소진되어 버려서 용서하고 잊을 준비가 되지 않았다.

나의 무감각은 물약 4번에서 다시 내게로 반영되어서 불행히도 자기 연민에 빠져 계속해서 뒹굴도록 만든다. 영원히 이렇게 지낼 수는 없다는 사실을 알아야 한다. 때가 되면 떨치고 일어나 다시 앞으로 나가야 한다.

키워드: 무관심, 지겨움, 불만, 고립, 지침, 판에 박힌 생활

FIVE OF ELIXIRS
물약 5

SIX OF ELIXIRS
물약 6

물약 5번 카드는 믿기 힘든 슬픔과 절망의 카드이다. 인생에서 상실을 경험했고 앞으로 결코 다시 행복해질 수 없을 것처럼 느껴지겠지만, 행복은 다시 찾아올 것이다. 이 고통을 어떻게 대처할지에 따라 얼마나 빨리 나아갈 수 있을지가 결정된다.

물약 5번 카드는 오래된 상처가 다시 불거져 부글거리면서 다시 내 발목을 잡음을 뜻할 수도 있다. 과거에 일어났던 일에 너무 매달리다간 삶에서 번성하고 있는 모든 긍정적인 면들을 볼 수가 없게 될 것이다.

키워드: *손실, 절망, 슬픔, 부정적 성향, 치명타, 오래된 상처*

오래된 연인과 친구들이 물약 6번 카드와 함께 다시 나타난다. 이 카드는 과거, 행복했던 시기에 대한 향수를 의미한다. 이 카드는 젊은 날의 달콤함이 연결되어 있는데, 이것은 오직 어린 시절의 사랑받던 기억에서만 찾을 수 있는 그런 종류이다.

과거를 돌아보고 추억에 잠기는 것이 나 자신을 이해하는데 필수적이기는 하지만 물약 6번 카드가 나를 과거에만 묶어두지 않도록 유의할 필요가 있다. 너무 오랫동안 과거에 머물다 보면 현재의 모든 사랑스러운 순간을 놓치게 될 것이다.

키워드: *향수, 어린 시절의 사랑, 회상, 기억, 천진함, 달콤함*

SEVEN OF ELIXIRS
물약 7

EIGHT OF ELIXIRS
물약 8

물약 7번 카드는 꿈과 환상의 세계에 기반을 둔다. 여기에는 많은 가능성이 존재하지만 각각의 결과에 대해 궁금해하며 너무 많은 시간을 보내다 보면 결국 어느 하나에도 정착할 수 없을 것이다.

망상 속에서 길을 잃는 것도 이 카드의 걱정거리이기도 하다. 생각이 왜곡되어 있다. 머리는 어떤 사실을 말하고 있지만 마음은 또 다를 때, 감정과 논리의 균형을 잡는 것이 명확한 합의에 이를 수 있는 유일한 방법이다.

물약 8번 카드는 우울한 감정을 건드린다. 편안한 일은 이제 끝나고 뒤로 남겨둔 채 떠나야 한다. 끝이 다가왔음을 알게 되면 공허하고 슬프게 느껴진다. 이제 내가 가는 방향이 더 나은 것은 알지만 그렇다고 해서 고통이 줄어드는 것은 아니다.

물약 8번 카드는 이미 지나치게 커져 버린 것이 있음을 떠오르게 한다. 그것이 직업이든, 관계이든, 또는 파괴 행동이든, 내 마음 깊은 곳에서는 이제 놓아줘야 할 시간임을 알고 있다. 지금 막 떠나려고 하는 여행은 생각보다 훨씬 더 멋지다.

키워드: *환상, 꿈, 악몽, 영적 능력, 혼돈, 망상*

키워드: *비애, 이별, 보내주기, 시원섭섭한 끝맺음, 교착, 우울*

NINE OF ELIXIRS

물약 9

물약 9번 카드가 나타나면 나의 소망들이 실현될 수 있는 능력이 생기므로 무엇을 가장 원하는지 생각해보고 거기에 에너지를 집중하자.

물질적이고 정신적인 문제들이 긍정적인 방식으로 서로 얽혀 있어 내 삶의 만족감을 높여준다. 이 기회에 인생에서 좋은 것들을 마음껏 즐겨보자. 다만 너무 몰두하여 폭식에 빠지지는 않도록 주의하자.

키워드: 흡족, 희열, 행운, 만족감

TEN OF ELIXIRS

물약 10

물약 10번 카드는 리딩에서 매우 긍정적인 카드이다. 나와 사랑하는 사람들 주변에 편안함과 조화로운 기분이 가득하고, 어쩌면 안정적인 가정생활을 나타낼 수도, 필요로 하는(때로는 그 이상의) 돈이 충분할 수도, 그리고 이 만족감을 나눌 특별한 누군가가 있을 수도 있다.

이 카드가 나타나면 관계 측면의 미래가 밝아진다. 과거의 갈등은 용서되고 함께 나누는 상호 존중으로 무조건적인 사랑이 가능하다.

키워드: 안락감, 조화, 번영, 더없는 행복, 사랑, 평온

PAGE OF ELIXIRS
물약 소년

KNIGHT OF ELIXIRS
물약 기사

사람일 경우: 민감하고 직관적인 물약 소년 카드는 내가 가장 필요로 할 때 그곳에 있다. 기대어 올 어깨가 필요할 때 내 말을 들어주고 충고를 해준다. 다 받아주기 때문에 종종 자비로운 성격을 이해하지 못하는 사람들에게 상처를 입기도 한다.

상황일 경우: 물약 소년은 잠시 시간을 갖고 다른 사람의 이야기를 듣고 그들의 의견을 이해하기 위해 진정으로 노력하라고 하지만 내 직감을 무시할 필요는 없다. 지금 당장 나에게 중요한 것은 우정과 인간관계이며, 친절하게 보살펴야 한다.

사람일 경우: 물약 기사는 로맨틱하고 사랑을 하면서 기사도를 구현한다. 그는 아름다운 것들에 감사하고 삶의 모든 것을 섬세하게 대한다. 이 사람은 너무나 꿈이 많아서 가끔 구름 속에서 길을 잃기도 하고 자기 약속을 지키지 않기도 한다.

상황일 경우: 리딩에서 물약 기사가 나오면 보살핌과 다정함이 필요하다. 관계는 내 마음에 걸려 있고 이 카드는 확신이 있으면 다음 단계로 나아가거나, 찾고 있는 이상적인 파트너를 만날 수도 있다는 좋은 징조이다.

키워드: *섬세함, 직관적, 부드러움, 친절, 연민*

키워드: *낭만적, 기사도, 세심함, 다정함*

QUEEN OF ELIXIRS
물약 여왕

사람일 경우: 물약 여왕은 신비롭고 마법과 같으며 보살펴주고 매혹적이다. 감정이입을 잘하고 종종 사람들이 알아차리기 전에도 무엇이 그들을 괴롭히는지 알고 있다. 물약 여왕은 조금 수줍음이 있는 편이라 자기가 먼저 접근하는 것보다 누군가 다가와 주는 것을 더 편해한다. 그래서 종종 못보고 넘어갈 수도 있다.

상황일 경우: 물약 여왕은 나의 여성적인 면을 찾아보라고 한다. 자신을 깊이 들여다보고 나의 감정과 욕망을 알아야 행복이 오래 지속될 수 있다. 메시지와 징조로 가득 찬 꿈을 꿀 수 있으므로 세심하게 주의를 기울이자.

키워드: 보살핌, 기품 있음, 통찰력, 시야, 친절함, 직관

KING OF ELIXIRS
물약 왕

사람일 경우: 물약 왕은 지혜와 경험으로 감정을 평가하고 분석한다. 장애물에 맞닥뜨려도 침착하게 대응하며 내가 의지할 수 있는 사람이다. 항상 충고를 해 줄 준비가 되어있으며 이 왕은 종종 요청하지 않은 경우에도 조언을 해준다.

상황일 경우: 이 카드가 나타나면 내가 감정적으로 안정적인 단계에 들어갔음을 보여준다. 삶이 안정적인 상태가 되고 언제든 내가 무엇을 느끼는지 적절하게 평가할 수 있다. 내 힘으로 얻은 소소한 행복을 즐겨보자.

키워드: 평화로움, 고요함, 현상 유지, 모순, 보살핌, 지혜

로드 수트

로드는 완드, 막대라고도 부르는데 불의 원소에 의해 지배를 받으며 창조적이고 영적인 추구에 관련된 모든 것이다. 때로 우리의 열정은 산불처럼 번져가기도 하지만 또 어떤 때는 불쏘시개에 불을 붙이느라 애써야 하기도 하다. 이 수트는 생산적이고 상상력이 넘치는 방식으로 힘을 소유하는 법을 알려준다. 막대는 커튼 봉에서부터 기계 부품에 이르기까지 많은 유용한 발명품에서 필수적인 요소이지만, 야만적이고 벌을 주기 위한 무기로도 사용된다는 점을 잘 기억해두자.

관장하는 것
창조적이고 영적인 문제

원소
불

관련 별자리
양자리: 3월 21일 ~ 4월 19일
사자자리: 7월 23일 ~ 8월 22일
사수자리: 11월 23일 ~ 12월 24일

계절
봄: 양자리의 첫 번째 날에 시작

ACE OF RODS
로드 에이스

로드 에이스 카드는 우주의 원초적 창조 에너지를 표현한다. 보이는 모든 것에서 영감을 얻을 수 있으며, 특히 직업과 예술적인 추구의 측면에서 그러하다. 아이디어를 가진 것만으로는 원하는 바를 달성하기에 충분하지 않으니 내가 만들어낸 것들도 발전시켜야 함을 기억하자.

내 직감을 믿고 위험을 감수하는 걸 두려워하지 말자. 로드 수트의 불은 퍼져나가고 싶어 하므로 빠르게 움직이지 않으면 불꽃을 잃을 수 있다.

키워드: 원초적 창조 에너지, 좋은 느낌, 열정, 흥분, 영성

TWO OF RODS
로드 2

로드 2는 행동과 게으름 사이에서 균형을 잡을 시기를 나타낸다. 가만히 있지 못하면서 새로운 모험으로 나아가고 싶지만 구체적인 계획이 정해질 때까지 기다리는 것이 장기적으로 최선이라는 사실을 알고 있다. 이 카드는 본능을 따라 꿈을 현실로 이룰 수 있기를 원하지만 새로운 각도에서 사물에 접근해서 다양한 관점을 탐구해볼 것도 요구한다. 때가 되면 알게 될 것이다.

이 카드는 또한 파트너십이나 다른 사람의 아이디어에 대한 반응을 살피는 것을 나타내기도 한다.

키워드: 본능, 계획, 고정관념의 탈피, 균형, 행동과 게으름

THREE OF RODS
로드 3

FOUR OF RODS
로드 4

로드 3 카드는 내가 모험의 첫 관문을 잘 통과했고 이제 곧 이 모험에 관한 첫 피드백을 받을 것임을 나타낸다. 다른 사람들이 내 프로젝트에 참여하고 싶어 하고, 심지어 금전적인 투자를 제안할 수도 있다. 곧 계획의 다음 단계로 넘어가겠지만, 지금은 내가 현재까지 만들어낸 것들을 한번 둘러보자. 다음 단계로 진행하면서 이 과정에서 어떤 요소를 계속 가지고 갈 것인지, 어떤 것을 남겨놓을 것인지를 생각해보자.

로드 3번 카드는 내가 한 일의 결과 때문에 새롭고 먼 곳으로 여행을 떠날 수 있음을 나타낼 수도 있다.

키워드: 예지력, 파트너십, 미래의 기대, 발전, 변신

인생은 파티이며 나는 이 파티에 초대된 손님이다. 로드 4 카드는 많은 축복을 받을 기회를 주는 성대하고 즐거운 축전을 뜻한다. 이 카드는 결혼식이나 헌신적인 파트너십을 예견하기도 하며 단단히 뿌리 내리는 것이 특별히 중요함을 나타내기도 한다.

삶의 즐거움을 누리는 것도 좋지만 지나치지 않도록 경계해야 한다. 파티는 영원히 계속되지 않으며 결국에는 다시 일을 해야 한다. 즐거움이 후유증으로 남지 않도록 이 순간의 행복을 다음 단계까지 이어가야 한다.

키워드: 축하, 기쁨, 성공, 조화, 선물, 결혼

RODS † V

FIVE OF RODS
로드 5

RODS † VI

SIX OF RODS
로드 6

로드 5 카드는 나를 링 위로 끌어올리지만 가장 결의에 찬 사람만이 이길 수 있다. 경쟁은 가혹하고 경쟁자들이 온통 나를 둘러싸고 있다.

이 카드는 내가 공격 계획을 제시하기를 기대한다. 명확한 목표를 갖고 확신이 있으면 최고의 자리로 올라갈 수 있다.

로드 5 카드는 또한 내 주변 사람들이 내가 잘되질 않길 바라고 있음을 나타내기도 한다. 안됐지만 그들은 나를 끌어내리려는 계획을 갖고 있다. 딱 버티고 서서 강해 보여야 한다, 실제로 그렇게 느끼지 않을지라도.

키워드: 경쟁, 전투, 불화, 성공, 장애물

전투에서 승리했으니 이제 빛을 발할 시간이다. 로드 6 카드는 내가 자신감을 갖길 바란다. 내 업적은 열심히 일한 결과물이며 그에 대해 자랑스러워해야 마땅하다.

이 카드는 또한 다른 사람들이 내가 해온 노력을 알게 되고, 승진을 할 수도 있음을 나타낸다. 나를 지금 여기까지 오게 한 일의 가치가 지속될 것임을 기억하자. 거만해지거나 해이해지면 안된다. 이 점만 알면 계속 승승장구 해나갈 수 있다.

키워드: 승리, 승진, 우승, 입증, 대중의 인정, 업적

SEVEN OF RODS
로드 7

로드 7 카드는 불운과 도전에 직면했을 때 포기
하지 말라고 이야기한다. 나는 경험 많은 전사
이며 무엇이든 용감하고 자신 있게 극복할 수
있다. 나에게는 앞선 승리의 경험으로 다른 적
들보다 강점이 있음을 기억하자.

이 카드는 내가 지쳐있고 다음 단계에 대해 불
확실하게 느껴질 때 나타날 수도 있다. 너무 이
리저리 끌려가는 느낌이 들면, 과거의 경험을
모아 새로운 계획을 세워야 한다. 이러한 감정
들에 도망치지 말고 인정하고 해소해보자. 결
의를 다지고 일에 임해야 한다.

키워드: 용기, 자신감, 전사, 책임, 도전, 외로움

EIGHT OF RODS
로드 8

로드 8 카드는 어떤 결정을 하든지 우주가 나의
편이라는 사실을 알려준다. 사업상의 모험, 새
로운 로맨스, 그리고 새로운 아이디어가 열정
과 함께 앞으로 나아갈 것이다. 우선은 일을 시
작할 시간이다. "이러면 어떡하지"하며 망설이
다간 움직이고 격려 받을 수 있는 이 황금기를
정말로 놓치게 될 것이다.

로드 8 카드는 내가 기다려온 답변이 바로 코앞
에 있다는 것을 보여준다. 기회는 편지나 택배
의 형태로 올 수도 있고 아니면 내가 바라던 사
람이 나에게 호감을 표시할 수도 있다.

키워드: 잠재력, 움직임, 속도, 열정, 성공, 격려

NINE OF RODS
로드 9

TEN OF RODS
로드 10

로드 9 카드는 더 이상 나아갈 수 없다고 느껴질 때 나타난다. 발밑이 온통 장애물로 뒤덮여 있고 매 걸음마다 흔들리는 느낌이 들지만, 사실 이것은 모두 환상이다. 실제로 나는 견고한 땅 위에 서 있지만 확실히 발을 내디딜 자신감이 결여되어 있어서 불안한 것이다.

큰 변화를 만들지는 말자. 지금은 땅을 밟고 일어서야 할 시간이다. 나의 결의와 내면의 힘이 이 혼란의 시기를 헤쳐 나가게 해줄 것이다. 누구든 공격을 하면 결코 편안할 수 없지만, 포기하지 말자. 지금껏 잘 해왔고 시작한 일은 끝마쳐야 한다.

키워드: 결의, 경계, 지연, 탈진, 보호

이제 순환의 마지막에 도달했으며 장차 규모를 줄이는 것이 장기적으로 더욱 생산적이라는 사실이 명확해졌다. 다음번에 부담을 줄이려면 어떤 조치를 취해야 할까? 책임을 덜 맡아야 할까? 외부의 도움을 받아야 할까? 나를 흥분하게 하거나 영감을 주는 일에만 집중하면 어떨까?

로드 10 카드는 성공에는 더 많은 책임을 수반한다는 사실을 일깨워주며 한계를 인정하는 나약함이 강인함이라는 것을 알려준다.

키워드: 인내, 규모 축소, 종료, 부담, 과부하, 압력

RODS † PAGE

RODS † KNIGHT

PAGE OF RODS
로드 소년

KNIGHT OF RODS
로드 기사

사람일 경우: 로드 소년은 낙관적이고 호기심이 많은 사람이다. 구애받지 않는 자유로운 사상가이며 마찬가지로 창조성과 행동을 성공적으로 결합할 수 있는 능력을 가진다. 작지만 놀랍게도 힘이 세기 때문에, 자기 행동의 모든 결과를 다 이해하지 못할 수도 있다.

상황일 경우: 로드 소년 카드가 나타나면 곧 내 내면에서 큰 발견을 하게 된다는 뜻이다. 열정과 영감이 다음의 질문을 에워싸고 있다. "나는 어떤 사람이 되고 싶은가, 그렇게 되려면 어떻게 해야 할까?" 이렇게 나에게 물을 수 있고 실제로 변할 수 있는 힘을 갖고 있다.

키워드: 낙관적, 호기심, 열정, 힘셈, 행동

사람일 경우: 로드 기사는 즉흥적인 성격에 인기가 있으며 커다란 몸짓으로 장난을 친다. 목표나 목적이 있으면 아주 행복해지지만 집중하지 않으면 프로젝트를 미완성으로 둔 채로 너무 쉽게 임무를 포기할 수 있다.

상황일 경우: 로드 기사는 내가 열정과 긍정적인 태도로 새로운 프로젝트에 임하기를 원한다. 이 카드는 단조로운 일상의 일과에서 흥미를 유지하여 재미를 찾기를 바란다.

키워드: 즉흥적, 열정적, 산만함, 인기

QUEEN OF RODS

로드 여왕

사람일 경우: 로드 여왕은 자연의 지도자이며 그 에너지는 다른 이에게 옮겨가기 쉽다. 상상력이 풍부하고 카리스마가 있으며 어디에서든 친구를 만든다. 불행하게도 이 여왕은 성격이 불같아서 분노의 대상이 되면 고통스러울 수 있다.

상황일 경우: 이 카드는 새로운 상황에서 앞장서 나갈 수 있도록 힘을 준다. 프로젝트에 예술적인 감각을 더하는 것은 독특하고 대담한 성격을 보여줄 수 있는 멋진 방법이다. 스포트라이트를 받는 것은 멋진 일이지만 디바가 되지는 말자.

키워드: 에너지 넘치는, 아름다움, 매력적, 리더십

KING OF RODS

로드 왕

사람일 경우: 로드 왕은 열정적이고 강력하며 매혹적인 에너지를 뿜어낸다. 그는 사람을 끌리게 하고 매력적이며 이를 이용해 원하는 것을 얻는다. 안타깝게도 모든 사람이 로드 왕이 하는 행위의 목적을 알지는 못하기 때문에 로드 왕은 자신을 추종하는 사람들의 감정을 상하게 만들 수도 있다.

상황일 경우: 로드 왕은 내 강점과 개인적인 힘을 사용해 목표를 달성하기를 원한다. 내가 지닌 천부적인 재능은 빛을 발하고 일을 성사시키기 위한 수법은 다양하다.

키워드: 열정, 추파, 유혹, 힘, 계략

코인 수트

코인 수트, 또는 펜타클(금화)은 건강과 금전 문제를 관장하며 흙 원소의 지지를 받는다. 우리는 단순히 생각, 감정, 그리고 정신이자 육체적 존재이기도 하다. 내가 하는 일, 몸 그리고 장기적인 목표가 이 수트의 관심사이다. 이들은 우리의 인생에서 안정적이고 기반이 되는 에너지를 전달한다. 코인을 사용해 필요한 물건을 살 수 있지만 물질주의에 너무 빠져서 파산하지 않도록 주의한다.

관장하는 것 신체적이고 금전적인 문제	**원소** 흙
관련 별자리 황소자리: 4월 20일 ~ 5월 20일 처녀자리: 8월 23일 ~ 9월 23일 염소자리: 12월 21일 ~ 1월 20일	**계절** 겨울: 염소자리의 첫 번째 날에 시작

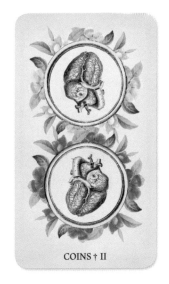

ACE OF COINS
코인 에이스

TWO OF COINS
코인 2

코인 에이스는 우주에 존재하는 물질 에너지를 나타낸다. 꾸준히 풍요롭고 돈과 건강 부분에서 행운을 가져다준다. 돈이 일정하게 유지될 것이다. 다시 말해 필요한 자금을 가질 수 있으며 건강은 항상 좋거나 문제가 있다면 나아가고 있다.

곧 새로운 일이 시작될 것이고 무엇이든 내가 노력을 쏟는 일이라면 매우 실질적인 보상을 얻을 수 있게 되므로 집중을 유지하고 지속적으로 성공의 씨를 뿌리는 일이 중요하다.

코인 2는 내 삶의 모든 측면에서 조화를 이뤄야 한다는 것을 나타낸다. 돈, 건강, 감정 그리고 사람관계 사이에서 균형을 찾는 것이 지금은 어려워 보이지만 원만한 사람이 되기 위해 필요한 연습이다.

재정 상태는 변동이 있을 수 있으니 과소비하지 않도록 노력한다.

이 카드는 내가 처한 상황에 대한 창의적인 해결책이 큰 도움이 될 것임을 나타낸다. 일들이 정체되어 있다면 새로운 접근방식을 시도해보자.

키워드: *원초적 물질 에너지, 긍정성, 풍요, 좋은 건강, 돈, 행운*

키워드: *조화, 균형, 관리, 변동*

THREE OF COINS
코인 3

돈을 너무 꽉 쥐고 놓지 않을 때 코인 4가 나타

최근에 새로운 직업이나 운동 같은 새로운 프로젝트를 시작했는가? 코인 3 카드가 나타나면 내 노력이 타인에게 검증이나 인정을 받기 시작했다는 뜻이다. 아직 갈 길은 멀었지만 일을 완수할 수 있는 능력에 자신감을 갖고 다음 단계로 나아갈 수 있다.

코인 3는 일종의 협업을 나타낼 수도 있다. 팀에서 일을 잘 할 수 있고, 그룹에서 주도적인 역할을 맡는 것도 좋다. 하지만 다른 사람들의 의견도 내 의견만큼이나 쓸모 있고 유효하다는 사실을 기억하자.

FOUR OF COINS
코인 4

돈을 너무 꽉 쥐고 놓지 않을 때 코인 4가 나타난다. 금전에 대한 집착은 건강에 전혀 도움이 되지 않는다. 이 카드는 물질적인 부는 흘러가야만 한다는 사실을 상기시킨다. 돈은 내가 필요한 일에 사용하지 않는다면 쓸모가 없다.

누가 내게서 뭔가를 빼앗아 갈까봐 걱정할 수도 있고 다른 사람은 나만한 자격이 없다고 생각할 수도 있다. 이러한 물질주의에 빠지면 돈을 더 많이 벌지도 못하고 긍정적인 상호작용도 못하게 만드는 흥분 상태가 되므로 주의해야 한다.

키워드: 만족, 협업, 타인의 인정, 새로운
프로젝트, 지위

키워드: 탐욕, 물질주의, 흥분, 보수적, 두려움,
강박 관념

FIVE OF COINS
코인 5

SIX OF COINS
코인 6

코인 5는 빈곤과 결핍을 가져오므로, 안됐지만 적은 돈으로 더 많은 것을 해내는 방법을 배우는 것 말고는 이 문제를 해결할 방법이 없다.

이 카드는 내 돈을 잃는 것과 관련한 고통과 어려운 시기에 관한 것이다. 직업을 잃었거나 건강에 문제가 있다면 부끄러운 성격이 남의 도움을 요청하기 힘들게 만들 것이다. 코인 5 카드는 자기 연민에 빠뜨리고 그 과정에서 오는 어떠한 도움이든 거절하도록 한다. 이 카드는 많은 도움이 되는 카드는 아니며, 이 과정에서 벗어나는 유일한 방법은 지나가기를 기다리는 것뿐이다.

키워드: 결핍, 빈곤, 부상, 불경기, 극빈

'한 푼을 벌면, 한 푼을 남겨두어라'가 코인 6의 핵심이다. 내가 어려움에 처하면 누군가 부족한 것을 줄 것이다. 만약 다른 사람이 어려움에 처했을 때에 도움을 주는 건 나에게 달려 있다. 코인 4번 카드의 과욕과 코인 5번 카드의 극심한 가난에서 얻는 교훈이 있다.

코인 6 카드는 내가 빌려준 돈을 받는 것을 의미하기도 하다. 미불된 청구서처럼 예상했던 곳에서 돈을 받을 수도 있고, 기대하지 않은 곳에서 돈이 들어올 수도 있다. 어쩌면 그동안 과납했던 전기요금을 환불받을 수 있을지도 모른다!

키워드: 너그러움, 나눔, 자선, 감사, 축복, 보너스

SEVEN OF COINS
코인 7

EIGHT OF COINS
코인 8

코인 7 카드가 나타나면 인생에 계획과 인내심이 들어오게 된다. 사업의 성공을 위해 씨를 뿌려왔고 지금은 작은 새싹들이 흙을 뚫고 올라오기를 기다려야만 한다. 커다란 보상을 위해서는 인내가 필요하다!

다음 단계를 계획하기 위한 시간이 있다. 이 소중한 시간이 그냥 지나가게 하지 말고 유용하게 활용하자.

이 카드는 또한 내 주변 환경을 재평가해보게 힘을 준다. 내 행동과 그로 인한 결과를 계속 평가하면 좀 더 성장할 수 있다.

키워드: *참을성, 일, 인내, 구축, 계획*

코인 8번 카드는 새로운 직업을 선택하거나 그동안 흥미 있었던 분야의 일을 시작할 용기를 준다.

이 카드는 내가 맡은 일에 최선을 다할 것을 알려준다. 최선의 상품을 만들기 위해 가능한 많이 배우고 싶겠지만 다음 단계로 넘어가기 전에 각각의 기술을 먼저 마스터해야 한다는 점을 기억하자. 초보자가 되는 것은 쉽지 않다. 원하는 것만큼 빠르게 앞으로 나갈 수 없는 것 같은 느낌이 들 것이다. 모두가 처음에는 초보자로 시작할 수밖에 없으며 지금 경험하는 것은 서두를 수 있는 게 아니라는 점을 기억하자.

키워드: *헌신, 기술, 초보자, 신기술, 열정, 학구열*

NINE OF COINS
코인 9

TEN OF COINS
코인 10

코인 9 카드의 영향 아래에서는 긍정의 힘과 풍요가 넘쳐흐른다. 내 자존심이 최고조에 있기 때문에 무엇도 나를 끌어내릴 수 없다.

이 카드는 내가 그동안 일해 얻은 결실을 자랑스럽게 바라보기를 원한다. 재정은 안정적이고 정서적으로 만족스러우며 건강하다.

혼란스럽고 길을 잃은 기분일 때 이 카드가 나타난다면 나에게 할 수 있는 최대한의 투자를 해야 한다는 것을 알려주는 것이다.

코인 10 카드는 충족과 감사를 가져온다. 필요한 모든 것들을 가지고 있고, 보장을 위해 조금 더 여분을 보유하고 있으며 사적이고 공적인 부분 모두에서 일들이 수월하게 풀려간다. 이러한 만족감을 나누는 것이 중요하다.

이 행복의 근원은 가정이나 다른 안전한 곳에 기반하고 있으며, 방해하려는 것도 없다.

나처럼 성공의 단계에 이르지 못한 사람들에게 관대하고 친절한 것이 코인 10 카드의 또 다른 측면이다. 성공을 위해 고군분투할 때 친절한 말이나 감사의 표현이 오랫동안 기분 좋게 해주었던 기억을 잊지 말자.

키워드: 풍요, 성공, 돈, 호화로운 생활방식, 번영

키워드: 충족, 안락, 안도, 지혜, 번성, 기초

PAGE OF COINS
코인 소년

KNIGHT OF COINS
코인 기사

사람일 경우: 코인 소년은 학구적이고 성실하며 항상 책을 읽고 있다. 배우는 것을 좋아하고, 자기가 배운 것을 항상 기꺼이 나누고 싶어 한다. 내성적이라 부탁받았을 때만 그렇긴 하지만 말이다.

상황일 경우: 코인 소년은 본격적으로 덤벼들어 공부하도록 격려한다. 아마도 복학을 고려하거나 새로운 취미를 가지려 할 수 있다.

돈을 염두에 두고 있다면 비상금을 벌어들일 창의적인 방법들이 떠올라 당장 도움이 될 것이다.

키워드: *근면, 학구적, 집중, 기쁨, 배움*

사람일 경우: 코인 기사는 효율적이고 열심히 일하며 점진적인 발전에 대한 믿음을 갖고 있다. 친절한 마음에 의지할 수 있으며 필요한 곳을 도와준다. 너무 조심스러울 수 있고 때로는 잔소리가 필요할 수 있다.

상황일 경우: 코인의 기사는 우리에게 "느려도 꾸준히 노력하면 경주에서 승리한다"는 사실을 일깨워준다. 때로는 일들이 전혀 진행되지 않는 것 같아서 실제로 경주에서 질 것같이 느껴지겠지만 이는 사실이 아니다. 행동을 주의하고 꼼꼼하게 하면 최선의 결과가 나올 것이다.

키워드: *능률적, 점진적 발전, 신뢰, 단계 준수하기, 주의*

QUEEN OF COINS
코인 여왕

---◆◇◆---

사람일 경우: 사업, 가정, 우정, 학업에 대해 열정적이든, 아니면 이 모든 것에 관해 열정적이든 코인 여왕은 열심히 땀 흘리며 노력하지 않고도 성취할 수 있다. 하지만 남을 지배하려는 성격 때문에 원치 않을 때에도 자기 의견을 말하려는 경향이 있다.

상황일 경우: 이 카드는 인생에서 상황을 더 아름답고 고요하게 만들 수 있는 능력을 준다. 물질적인 것들을 사랑과 혼동하지 않도록 주의한다. 예쁘고 편한 공간을 갖는 것은 생산성에는 좋겠지만 너무 과도하게 지출하면 불필요한 스트레스를 불러올 수 있다.

키워드: 모성, 창조, 여성성, 아름다움, 평온함, 고압적

KING OF COINS
코인 왕

---◆◇◆---

사람일 경우: 코인 킹은 현실적이고 빈틈이 없으며 선택한 직업으로 명예를 얻는다. 본인이 성취한 것에 많은 자긍심을 갖는 노력가이다. 때로는 너무 완고하게 느껴질 수도 있지만 자기와 가까운 지인들에게 감정적으로 터놓기 위해 무척 노력할 수도 있다.

상황일 경우: 이 카드는 내게 의지하는 이들에게 믿음직스러운 사람이 되는데 도움을 준다. 솔선수범해서 사람들을 이끌게 한다. 사업상 내 참여도가 높아지므로 자신의 능력에 대해 현실적으로 생각하는 것이 새로운 사업에 도움이 될 것이다.

키워드: 현실적, 완고함, 신뢰할 수 있음, 리더십, 노력가, 고위 경영진

블레이드 수트

지적인 분위기가 지배적인 블레이드 수트, 또는 소드 수
트는 일상의 정신적인 문제와 환경을 나타낸다.
생각과 꿈 그리고 두려움은 이 수트가 관장하는 주제이다.
인생의 도전이 이 카드에 표현되어 있으니 이 카드들이
나타날 때는 열심히 노력해야 한다. 블레이드는 우리를
얽맨 밧줄을 자를 수 있지만, 또한 엄청난 고통을 가할
수 있으므로 조심스럽게 휘두르자.

관장하는 것
정신적이고 지적인 문제

원소
공기

관련 별자리
쌍둥이자리: 5월 21일 ~ 6월 21일
천칭자리: 9월 24일 ~ 10월 22일
물병자리: 1월 20일 ~ 2월 18일

계절
가을: 천칭자리 첫 번째 날에 시작

ACE OF BLADES
블레이드 에이스

TWO OF BLADES
블레이드 2

---◆--◇◈◇--◆---

우주에 있는 날 것의 지적인 에너지가 블레이드 에이스로 표현된다. 지식은 방대하고 아름다우며 접근하기 쉽다. 그리고 더 나은 인생을 만드는 데 쓰이길 기다리고 있을 뿐이다.

내 마음은 지금 당장 새로운 높이까지 도달할 능력이 있고 아이디어는 신선하고 강력하다. 비판적인 생각으로 접근할 수 있다면 내게 큰 도움이 될 것이다.

우선 자신에게 집중해야 한다. 천천히 시간을 가지고 목표를 위해 계획을 세우고 과거에 경험했던 장애물들에 대해 생각하며 원하는 것을 얻기 위한 창의적인 방법들을 생각해보자.

키워드: 원초적 지적 에너지, 아이디어, 이성, 지식, 이해

---◆--◇◈◇--◆---

블레이드 2 카드는 곤경에 처했음을 나타내는 데 보통 결정을 하는데 필요한 특정한 상황에 관해서이다. 선택지는 두 가지 있지만 두 선택지 모두 핵심 정보를 얻을 수가 없어서 망설이게 된다.

물론 이것 때문에 또 다른 선택을 할 수 밖에 없다. 추가 정보가 더 들어올 때까지 기다려야 할지, 아니면 이를 악물고 참으며 아무 것이나 하나를 선택해야 할지를 말이다. 어떤 결정이든 지금은 불편하겠지만 앞으로 나아가기 위해서는 눈앞의 장애물에 적극적으로 관여해야만 한다.

키워드: 결정, 불확실성, 균형, 정보 누락, 곤경

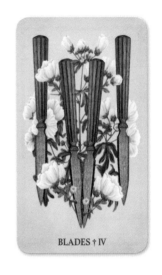

THREE OF BLADES
블레이드 3

---❖---

블레이드 3 카드는 타로에서 가장 마음이 아픈 카드이다. 상상하기 어려운 절망과 분노를 가져오며 이는 불행하게도 카드와 함께하는 여정과 인생에서 필요한 부분이다.

보통 중요한 관계나 개인적인 모험의 끝을 알리면서 죽음과 관련한 슬픔을 표현한다. 애도하는 마음은 자연스럽고 건강한 것이지만 어느 시점에서는 마음 아픈 상처에서 벗어나 앞으로 나아가야 한다. 고통이 아닌 교훈을 지니고 미래로 나아가야 한다.

키워드: 절망, 분노, 고통, 비통, 불운, 애도

FOUR OF BLADES
블레이드 4

---❖---

블레이드 4 카드는 회복의 시기를 나타낸다. 나의 정신 건강을 위해 가장 좋은 특효약은 휴식이며, 마음을 치유할 때 발생하는 모든 문제들을 훨씬 더 다루기 쉬워진다.

내 몸과 마음을 위해 당장 지금 휴식이 필요하다는 사실을 인정해야 한다. 휴식은 다시 몸과 마음을 가다듬고 다시 집중하게 해주어 나를 둘러싼 스트레스를 해결할 수 있게 해준다. 정신적으로 또렷하지 않은 상태로 머리로만 상황을 공략하려고 한다면 마음먹은 만큼 성과를 낼 수 없을 것이다.

키워드: 휴식, 회복, 정신적 휴식, 치유, 원기회복

FIVE OF BLADES
블레이드 5

블레이드 5 카드는 싸움에서의 불명예에 관한 카드다. 가끔은 남에게 잔인하고 불필요하게 고통스러운 방법을 사용해 말다툼이나 경쟁에서 이길 때가 있다. 상대방의 입장을 고려하는 것이 내 양심과 명성에 도움이 될 것이다. 특히 패자가 아닌 승자라면 더더욱 그렇다.

만약에 패배했다면 부루퉁해 있지 말고 최선을 다하되 손해를 감수하자. 불명예스러운 승자로 전락해버리면 이기기 전보다 더욱 기분이 나빠질 뿐이다. 솔선수범을 보여주자.

키워드: 불명예, 갈등, 패배, 속임수, 분개

SIX OF BLADES
블레이드 6

블레이드 6 카드와 함께 골치 아픈 문제는 뒤로 하고 평온의 시기로 들어서라. 지금이 떠나기에 딱 좋은 시기이므로 외부의 간섭 없이 짐을 풀 수 있다.

다른 블레이드 카드들의 부정적인 암시는 덱에 남고 내 삶을 가다듬고 다시 구축할 수 있는 일시적인 위안을 받는다. 오랜 상처와 부정적인 관계는 지금 향하는 곳에서 환영 받지 못한다. 이제 드디어 숨을 쉬며 가장 중요한 관계, 즉 나 자신과의 관계에 집중할 수 있다는 느낌이 들지도 모른다.

키워드: 탈출, 상황 변화, 이행, 새로 얻은 평온

SEVEN OF BLADES
블레이드 7

EIGHT OF BLADES
블레이드 8

---❖---

블레이드 7 카드의 주제는 살금살금 돌아다니는 것이다. 내가 가져서는 안 되는 것을 갖고 도망치려 하는데 이 카드는 내가 생각보다 교활하지 않다는 사실을 알려주려 한다.

블레이드 5번 카드와 마찬가지로 누군가의 술수의 걸려 희생될지도 모른다. 나에게 불리한 계획을 실행하기 위해 배후에서 많은 계획이 진행되었을 수 있으므로 경계를 게을리 해선 안된다. 내가 속이는 사람이든 속는 쪽이든 사죄는 놀라운 결과를 가져올 수 있다. 자존심은 잠시 제쳐 두고 옳은 일을 하려고 노력한다면 고통스럽더라도 감정싸움이 쉽게 끝날 수 있다.

키워드: 속임수, 사기, 도둑질, 몰래하는 행동, 음모

블레이드 8 카드는 내 생각에 제한을 받고 무력하게 느껴지는 시기를 나타낸다. 이런 한계는 나뿐만 아니라 외적인 요인 때문에 생기는 것이며 결코 해결할 수 없을 것처럼 보인다.

무엇이 실제이고 무엇이 아닌지를 믿을 수 없기 때문에 이 모든 의심이 나 자신을 최악의 적으로 만든다. 한 발자국 물러나 자신의 상황에 대해 기록해두었다가 내 정신 상태에 좀 더 자신감이 생기면 그 내용을 점검하는 것이 도움이 될 수도 있다.

키워드: 무기력, 갇힘, 위험, 장애물

NINE OF BLADES

블레이드 9

분노와 죄책감으로 가득해서 잠을 이룰 수 없는가? 깨어있는 동안의 생활이 마치 악몽인 것처럼 느껴지는가? 지금은 블레이드 9의 영향권에 있으며, 이곳은 정말로 기분 나쁜 장소이다. 매일매일 투쟁과 도피 상태를 오가는 것처럼 느낄 수도 있다.

이 카드는 불행하게도 희망이 없으므로 정신 건강에 아주 나쁠 수 있다. 끊임없이 겁먹은 상태기 때문에 평소라면 하지 않았을 행동을 할 수도 있어 결코 중요한 결정을 하면 안 되는 시기이다.

키워드: 불안, 두려움, 망상, 거대한 죄책감, 분노, 불면의 밤

TEN OF BLADES

블레이드 10

블레이드 10은 슬픔과 상실의 카드이다. 어떤 상황이나 시기의 궁극적인 종말을 표현한다. 전투에서 패배했을 뿐 아니라 전쟁 또한 지게 된다. 누구나 항상 100% 최고의 자리에 있을 수 없다는 사실을 일깨워주는 역할을 한다. 이 사실을 바꾸는 것은 불가능하며, 시도해볼 가치도 없다.

이 카드는 죽음과 비슷하다. 다른 것으로 다시 시작하려면 내 패배에 대해 굴복해야 한다. 새 인생에 맞지 않는 것을 고수하고 있으면 다시 시작할 수가 없다. 이 결말에 대한 슬픔을 인정하고 보내줄 준비를 하자.

키워드: 패배, 종료, 순환, 굴복, 놓아주기, 슬픔, 손실

PAGE OF BLADES
블레이드 소년

—‹‹‹◦◈◦›››—

사람일 경우: 블레이드 소년은 배움과 문제 해결에 대한 끝없는 호기심을 갖고 있고 두뇌 회전이 **빠른** 사람을 나타낸다. 주변 세상에 대해 많은 질문을 하지만 눈치가 부족할 수 있다.

상황일 경우: 이 카드가 등장하면 감정은 잠시 미뤄두고 논리적 경향으로 문제에 접근할 것을 알려주는 것이다. 결론에 도달하기 전에 가능한 많은 질문을 하자.

*키워드: 호기심, 문제 해결, 소문, 총명함,
에너지가 넘침, 메시지*

KNIGHT OF BLADES
블레이드 기사

—‹‹‹◦◈◦›››—

사람일 경우: 블레이드 기사는 아주 적극적인 사람이다. 언변이 유창해서 내 생각과 다르더라도 나도 모르게 그가 말하고 행동하는 것에 모두 동의하게 된다. 블레이드 기사는 보통 다정한 편이지만 모욕을 당하면 심하게 화를 내는 성격이다.

상황일 경우: 이 카드는 삶에서 급격한 변화를 나타낸다. '오늘을 즐기자'는 의미의 카드로 광기에 사로잡히기 쉽다. 정신만 똑바로 차리고 있으면 이 에너지로 무엇이든 성취할 수 있다. 다른 사람을 대할 때는 스스로 확신을 가져야 하지만 거만해지지 않도록 노력해야 한다.

*키워드: 적극적인, 거만함, 눈치 빠름, 가혹함,
성급함, 논쟁적*

QUEEN OF BLADES
블레이드 여왕

사람일 경우: 블레이드 여왕은 관찰력이 좋고 독립적이다. 혼자서 시간을 보내면서 세태를 관찰하고 정보를 수집한다. 듣고 있는 줄 몰랐는데, 상황에 적절한 비판적인 코멘트나 조언을 갑자기 해서 나를 깜짝 놀라게 하는 사람이다.

상황일 경우: 이 카드는 다른 사람의 도움을 받지 않고 길을 찾기를 원하며, 이는 독립의 시기를 의미한다. 필요한 기술과 정보를 갖고 있으며 지금 그것들을 모두 한데 모을 시간이다. 이성적인 사고가 성급한 감정을 이기고 있으므로 초연한 자세로 있으면 명확한 판단을 할 수 있다.

키워드: 관찰력 있음, 강함, 독립적, 비판적, 빈정댐

KING OF BLADES
블레이드 왕

사람일 경우: 이 왕은 지적이며 위엄이 있으면서도 침착한 성격이다. 객관적이고 공정하지만 감정적인 사람들을 못 견디기도 한다. 몹시 눈이 높은데 때로는 다른 사람과의 관계에서도 이 점이 엿보인다.

상황일 경우: 이 카드가 있으면 오랜 구속에서 벗어나서 자유롭게 내 행동할 수 있게 된다. 지성과 이성을 사용해 자기 삶에서 부정적인 영향과 방해물을 없애보자. 기회가 주어진다면 내 인생에서 잘라낼 것이 무엇인지 생각해보고, 자제력을 갖고 이를 실행해보자.

키워드: 지적임, 관리, 객관적, 편협함, 공정함, 통제, 정의

클레어 굿차일드(CLAIRE GOODCHILD)

수상 경력이 있는 타로와 점성술에
특화된 화가이며 소속사인 블랙 앤드
더 문(Black and the Moon)의 설립자이다.

blackandthemoon.com

이미지 출처
저작물사용 허가표시(Creative Commons licence)를 따라 공공
도메인의 이미지를 제공해준 아래의 컬렉션들 덕분에 카드
에 해당 이미지들을 재현할 수 있었습니다.

웰컴 컬렉션(Wellcome Collection)
런던 과학 박물관(Science Museum, London)
피에르-조셉 르두테와 로픽셀(Pierre-Joseph Redouté and
rawpixel.com)

10쪽의 점성술 도표와 5쪽의 라이더 웨이트 카드 이미지:
셔터스톡(Shutterstock.com)

감사의 말씀
퀘토 출판사의 케이트, 클레어, 제스와 모든 직원들에게,
이 책이 나올 수 있게 해주어 감사합니다.